Green
Plant

우리집 녹색식물 기르기

김혜정 지음

일진사

책머리에

높은 빌딩과 콘크리트 사이로 비집고 다녀야 하는 우리의 삶 속에서, 햇살에 반짝이는 녹색의 식물들은 메마른 마음을 달래줍니다. 식물을 기른다는 것은 한땀 한땀 바느질하듯, 한잎 한잎 푸른 잎과 나누는 마음의 여유이며, 우리 가족의 건강까지도 지키는 일입니다.

이제 식물은 정적이던 조경과 소품의 역할에서 벗어나 자연과 함께 하고자 하는 사람들의 욕구에 힘입어 생활 필수품이 되어가고 있습니다. 식물을 기르는 것은 외적인 아름다움만을 위한 것이 아니라 내적으로 마음의 평온과 안정을 얻을 수 있고, 더불어 식물의 다양한 효능을 통해 건강까지 지킬 수 있기 때문에 식물 기르기는 이미 많은 관심을 받고 있습니다.

이 책은 식물을 기르고자 하는 사람들에게 언제 얼만큼의 물을 주어야 하는지, 햇볕은 얼마나 쬐여 주어야 하는지 등 작은 부분에서부터 환경에 따른 관리방법까지 식물을 기르는 데 전반적으로 도움이 되고자 하는 마음으로 쓰여졌습니다. 특히, 각 식물별로 특성과 주변 환경에 적응하기 쉬운 관리법을 중점적으로 구성되었고, 알아두면 좋을 식물에 대한 기본 지식도 곁들여 놓았습니다. 이론보다는 삶의 경험과 지혜를 바탕으로 누구나 알기 쉽고 간편하게 식물을 기를 수 있도록 정리했습니다.

『우리집 녹색식물 기르기』는 전문서적이 아닌 삶에서 묻어나는 경험으로 얻어낸 지혜들이며, 쉽고 간편하게 식물을 기를 수 있도록 꼭 알아야 할 기본적인 몇 가지를 한 권의 가이드북으로 정리했습니다. 우리가 생명수를 마시듯 식물도 우리가 주는 생명수를 기다리고 있습니다. 사랑의 손길로 식물에게 생명수를 선물하고자 하는 이들에게 조금이나마 도움이 되었으면 하는 바람입니다.

저자 김혜정

contentes

식물의 성장 환경 • 8
불야성 • 19
나비난초 • 21
산세비에리아 • 22
자보 • 23
구즈마니아 • 24
구즈마니아 링쿨레타 • 25
아이비 • 27
홍콩야자 • 29
둥근잎아랄리아 • 30
게발선인장 • 31
용설란 • 32
드라세나 자넷크레이그 • 33
드라세나 마르지나타 • 34

드라세나 송오브인디아 • 35
드라세나 와네끼 • 37
드라세나 자마이카 • 38
무자 유카 • 39
용산 • 40
필로덴드론 • 41
문 라이트 • 42
칼라릴리 • 43
싱고니움 • 45
스킨답서스 • 47
금전수 • 49
디펜바키아 • 51
스파티필룸 • 52
안스리움 • 53

차 례

식물 분갈이 • 54
산호수 • 67
인도고무나무 • 69
프밀라고무나무 • 71
벤자민고무나무 • 73
벵갈고무나무 • 75
칼라고무나무 • 76
킹벤자민고무나무 • 77
애니시다 • 78
셀레스 • 79
크로톤 • 80
포인세티아 • 81
소철 • 82
피토니아 히포스테스 • 83

관음죽 • 85
테이블야자 • 87
트리안 • 89
호야 • 91
수선화 • 92
군자란 • 93
식물 관리 • 94
겐지 • 101
로즈마리 • 103
율마 • 105
꽃베고니아 • 106
분화장미 • 107
칠복수 • 108
칼랑코에 • 109

녹탑 • 110
비올라시 • 111
정야 • 112
홍사 • 113
그린펫 • 114
파필라리스 • 115
흑법사 • 116
흑왕자 • 117
염좌 • 118
옥서화 • 119
월토이 • 120
페페로미아 • 121
시클라멘 • 122
프리뮬러 • 123

우리집 녹색식물 기르기

식물의 성장 환경 · 식물 분갈이 · 식물 관리

식물의 성장 환경

식물을 잘 자라게 하는 데는 몇 가지 요소가 필요하다. 햇빛, 물, 온도, 토양의 기본 요소 외에도 적절하게 공급하는 영양(비료)에 따라 식물은 다양한 모습으로 자란다.

햇빛

식물을 기를 때 필요한 요소 중에서 빛에 관해서는 큰 비중을 두지 않는 경향이 있다. 물주기에는 신경을 많이 쓰면서 빛에 관한 것은 소홀히 하기 쉬운데, 식물은 광합성을 통해 스스로 필요한 영양분을 만들어 내기 때문에 필요한 빛을 충분히 받으면 잘 자랄 수 있지만, 그렇지 못하다면 시들시들해져서 결국은 죽게 된다. 빛은 이렇게 식물에게 있어 필수적인 요소이지만 모든 식물이 빛을 좋아하는 것은 아니다. 식물마다 빛을 좋아하는 정도가 다른데, 이는 그 식물이 자라온 환경이 각각 다르기 때문이다.

다육식물 종류나 선인장류는 강한 직사광에서도 잘 자라지만, 열대우림 지역에서 자란 식물은 약한 빛만으로도 충분하다. 식물 성장은 빛의 강도와 빛을 쬐는 시간에 따라 영향을 받는다. 예를 들어, 열대·아열대 원산의 식물은 12시간에서 16시간 정도의 빛이 필요하다. 하지만 겨울철이 되면 이들 식물에게 필요한 빛의 양이 부족하게 되는데, 이때 이 식물들을 관리할 때는 최대한 창문 가까운 쪽에 식물을 배치하고, 인공광을 이용해 부족한 빛을 공급해 주어야 한다.

필요로 하는 빛이 부족한 상태에서 생활하는 식물들은 좀 더 많은 빛을 쪼이기 위해 잎이 넓어지거나 줄기가 길어질 수밖에 없다. 반대로 필요 이상의 빛이 들어오는 곳에서 자라는 식물들은 빛을 받기 위해 별다른 노력을 하지 않아도 되기 때문에 잎이 작아지고 줄기의 마디마디가 짧아지게 된다. 또 필요로 하는 빛은 충분히 공급되지만 그 빛이 한 방향으로만 식물을 쬐어 준다면, 빛이 들어오는 방향으로 식물의 줄기가 기울어진다. 이는 빛의 방향에 따라가고자 하는 식물의 굴광성 때문인데, 이를 방지하기 위해서는 가끔 화분을 돌려주어야 한다.

🌼 빛을 좋아하는 정도에 따른 식물 분류

빛 요구도	식물 종류
약한 빛	넉줄고사리, 네프로레피스, 대곡도, 대나무야자, 싱고니움, 동양란, 디펜바키아, 보스톤, 산세비에리아, 셀렘, 셀라지넬라, 스킨답서스, 스파티필룸, 아글라오네마, 아디안툼, 아나나스, 아스파라거스, 아스프레니움, 아프리칸 바이올렛, 엘레강스야자, 엽란, 칼라데아, 페페로미아, 필레아, 필로덴드론, 하트덩굴, 행운목, 호야
직사광선이 닿지 않는 밝은 곳	글록시니아, 나비난초, 네프로레피스, 대곡도, 드라세나, 디펜바키아, 마란타, 마르지나타, 몬스테라, 브로멜리아드, 스킨답서스, 아디안툼, 아이비, 아스파라거스, 아펠란드라, 알로카시아, 애크메아, 인도고무나무, 폴리샤스, 홍콩야자
밝은 곳 내지는 직사광선	게발선인장, 겐차야자, 갓세피아나, 관음죽, 구근베고니아, 나비난초, 대나무야자, 대만 고무나무, 드라세나, 디펜바키아, 떡갈잎고무나무, 러브 체인, 렉스베고니아, 마란타, 마르지나타, 몬스테라, 박쥐란, 벤자민, 보스톤, 봉의꼬리, 브로멜리아드, 산세비에리아, 스파티필룸, 스킨답서스, 시클라멘, 싱고니움, 아글레오마, 아랄리아, 아레카야자, 아디안툼, 아스파라거스, 안스리움, 알로카시아, 아이비, 양란, 엽란, 와네끼, 인시그니스, 칼랑코에, 칼라데아, 크로톤, 파키라, 포인세티아, 폴리샤스, 필로덴드론, 프테리스, 피닉스야자, 홍콩야자
직사광선	게발선인장, 가쥬멀, 국화, 귤나무, 갓세피아나, 꽃기린, 꽃베고니아, 나비난초, 다육식물, 대나무, 라벤다, 레몬나무, 만리향, 멕시코소철, 미니장미, 시네라리아, 바위솔, 분재, 소철, 선인장, 세덤, 수국, 아잘레아, 아랄리아, 알로에, 알로카시아, 알뿌리 화초, 용설란, 유카, 제라늄, 종려야자, 치자나무, 크로톤, 판다고무나무, 포인세티아, 피닉스야자, 황금죽, 홍콩야자, 히비스커스

| 알아두면 좋아요 |

꽃이 피는 식물은 일반 관엽 식물에 비해 더 많은 양의 빛을 필요로 하지만 종류별로 필요한 빛의 양은 다르다. 12시간 이상 빛을 필요로 하는 식물은 장일성 식물, 12시간 이하의 빛을 필요로 하는 식물은 단일성 식물로 나눈다. 중일성 식물은 빛이 쬐는 시간에 상관없이 꽃을 피우는 식물을 말한다. 가끔 꽃이 피는 시기가 지나도 꽃을 피우지 못하고 잎만 무성해지는 경우가 있는데, 이는 온도와 빛이 필요만큼 충족되지 않아서 그런 것이다. 난, 철쭉, 게발선인장 등 구입 당시에는 꽃이 만발했으나 시간이 지나도 다시 꽃이 피지 않으면 늦가을부터 전깃불을 켜지 않는 발코니에 두었다가 추워지면 실내로 들여 관리하면 다시 꽃을 볼 수 있다.

빛의 양에 따른 장소별 특징

구 분	특 징
양 지	하루 중 직사광선이 적어도 5시간 이상 비치는 곳을 말한다. 하지만 하루종일 양지에 두어도 견딜 수 있는 식물은 매우 적은 편이다.
반양지	겨울철 직사광선이 하루 중 2시간 정도 쪼이는 곳으로, 대부분의 빛이 간접광 내지는 반사광으로 들어오는 밝은 곳을 말한다. 대부분의 개화 식물들이 꽃을 피우는 조건이다.
반음지	직사광선은 전혀 들어오지 않지만 간접광이 충분히 들어오는 밝은 곳을 말한다. 대부분의 빛은 커튼이나 나무 관목, 햇빛 가리개 등의 필터를 통해서 들어온다. 인공광을 조금 보충해 주면 일부 개화 식물들은 꽃을 피울 수 있으며, 대부분의 관엽식물들이 좋아하는 조건이 된다.
음 지	직사광선도 전혀 닿지 않고 한낮에도 어두운 장소로서 그림자를 만들 수 있을 정도의 간접광만이 존재하는 곳을 말한다. 이런 빛 조건에 장기간 놓여 있을 때 건강하게 자랄 수 있는 식물은 극히 일부에 해당된다. 때문에 인공광으로 필요한 빛을 보충해 주거나 정기적으로 밝은 장소로 옮겨 부족한 빛을 보충해 주어야 한다.

| 알아두면 좋아요 |

식물별로 필요로 하는 빛의 양은 차이가 있지만 대체적으로 선인장 > 분화류 > 얼룩무늬 관엽 > 일반 관엽 순으로 빛을 필요로 한다. 식물을 키우기 위한 정보를 보면 양지, 반양지, 반음지, 음지로 식물 관리에 용이한 장소를 구분한다. 비슷한 빛의 조건은 상관없지만 식물의 성격과 전혀 다른 빛의 조건에서는 식물이 제대로 성장할 수 없으므로 주의하도록 한다.

수분

식물을 구성하는 성분 중 가장 많은 것이 수분이며 가장 중요한 것 또한 수분이다. 물은 이산화탄소와 함께 탄소 동화작용을 하여 식물이 생육할 수 있는 탄수화물을 만들 뿐 아니라, 흙 속에 용해되어 있는 비료분이 물과 함께 뿌리로 흡수되도록 돕는 역할을 한다. 또 화분에 물을 줌으로써 유해가스 성분들이 화분 밖으로 밀려나게 되므로 신선한 산소가 유입되어 뿌리의 호흡을 돕기도 한다.

식물에 적합한 물은 실온의 미지근한 상태의 물이다. 차가운 물은 식물의 잎과 꽃은 물론 뿌리까지 상하게 할 수 있다. 뿐만 아니라 식물에 공급되는 물은 석회 성분이 없어야 하므로 석회 성분이 들어 있는 수돗물은 한번 끓여 식힌 후 사용하는 것이 좋다.

식물이 필요로 하는 물은 식물이 자라는 장소의 환경, 배양토의 차이, 식물의 종류에 따라 달라 일률적인 기준을 제시할 수 없다. 이러한 주변 환경을 고려하지 않고 습관적으로 물을 주거나 하면 지나치게 과습하여 뿌리가 썩게 된다. 식물은 건·습의 과정을 충실히 반복해야 뿌리가 건강해지고 생육이 좋아진다. 물을 주는 횟수 못지않게 물의 양도 중요한데, 물을 적게 주면 밑에 잔뿌리까지 수분이 도달하지 못해 말라버릴 수 있으므로, 물을 줄 때는 화분 밑 배수 구멍 밑으로 흐를 때 까지 충분히 물을 주도록 한다.

우리나라는 4계절이 뚜렷해 계절별 환경이 다르다. 이는 식물들도 마찬가지로 계절별로 물 주는 시간과 양을 달리해야 건강하게 식물을 키울 수 있다. 가장 좋은 시간은 해가 떠올라 흙의 온도가 어느 정도 올라갔을 때 물을 주는 것이다.

봄·가을에는 9시에서 10시 사이, 여름철에는 7시에서 8시, 겨울철에는 11시에서 12시 사이에 물을 주도록 한다. 보통의 실내 식물은 화분의 흙 속까지 완전히 젖도록 물을 충분히 주어야 하는 것도 있지만 종류에 따라 겉흙만 살짝 적실 정도로 물을 주어야 하는 것도 있으므로 식물이 물을 좋아하는지 싫어하는지 잘 구별해야 한다.

이외에도 냉동성이 있는 식물은 겨울 휴면기에 서늘한 곳에 두고 약간 건조하게 관리하는 것이 좋다. 식물의 생긴 형태에 따라 물 주는 방법도 달리해야 하는데, 구근식물의 경우 토양에 직접 물을 주면 뿌리에 물이 고일 수 있으므로 화분 받침에 물을 주어 수분을 흡수하도록 하는 것이 좋고, 로제트를 형성하는 식물 종류들은 로제트 안에 물을 주어 항상 물을 품고 있을 수 있게 한다. 또 잎에서 수분을 흡수하거나 높은 공중습도를 좋아하는 식물들의 경우에는 분무기로 자주 물을 뿌려주도록 한다.

🌼 좋은 흙의 조건

조 건	특 징
배수	물을 주면 고이지 않고 즉시 스며들어야 하며, 입자가 입단형으로 되어 있어 말랐을 때 갈라지지 않아야 한다.
통기성	입자 사이에 적당한 공간이 있어 공기가 자유롭게 들락거릴 수 있어야 한다.
보수력	배수도 중요하지만 토양 입자들이 적당한 수분을 머금고 있어야 식물이 이를 이용할 수 있다. 퇴비와 부엽토 등 유기질이 많이 들어있는 흙이 보수력이 좋으며 화분에 식물을 심을 때 부엽토, 펄라이트, 피트모스(수태) 등을 섞어 보수력을 높일 수 있다.
양분	식물이 자라는데 필요한 무기염류를 충분히 가지고 있어야 한다. 유기질 비료가 섞인 흙은 무기염류 공급에 좋다.
산도	일반적으로 식물이 잘 자라는 토양은 중성에서 약산성의 성질을 가진 흙이지만 식물에 따라 조금씩 다를 수도 있다.
병충해	병원균이나 해충 및 잡초의 씨가 아예 없거나 적은 흙이 좋은데, 종자를 파종하는 흙은 깨끗이 소독하여 사용하는 것이 좋다.

🌼 비료의 성분

성 분	특 징
질소	비료의 성분들 중 가장 많이 흡수되는 영양소로 식물의 외형적 성장에 직접적으로 관계되는 것이다. 질소가 부족하면 식물의 성장이 위축되고 잎의 색깔이 연해진다. 또 꽃이 잘 피지 않거나 아주 작게 필 수 있으며 질소가 과할 때는 식물이 웃자라고 얇은 잎만 비정상적으로 커진다.
인산	꽃 맺음과 열매 맺음에 직접적으로 관계되는 것으로, 인산이 부족하게 되면 줄기가 가늘어지고 마디 사이가 짧아지며 꽃의 크기 역시 작아진다. 반대로 인산이 과하면 잎이 작아지면서 노랗게 변하고 식물이 오그라든다.
칼리	식물의 줄기와 가지를 튼튼하게 하고 병충해에 대한 저항력을 높여주는 것으로 뿌리의 전분 저장량을 증대시켜 주는 역할을 한다. 칼리가 부족하면 잎이 말라 떨어지게 되고 식물체의 키가 낮아지며, 꽃의 크기가 작아지게 되고 지나치면 생장점의 자람이 약화되어 꽃 피는 숫자가 적어진다.
마그네슘	마그네슘이 부족하면 엽록소의 형성에 지장이 생겨 식물의 성장에 좋지 않다.
철분	철분이 부족하면 새로 나오는 잎이 말라 들어간다.

수분

식물을 구성하는 성분 중 가장 많은 것이 수분이며 가장 중요한 것 또한 수분이다. 물은 이산화탄소와 함께 탄소 동화작용을 하여 식물이 생육할 수 있는 탄수화물을 만들 뿐 아니라, 흙 속에 용해되어 있는 비료분이 물과 함께 뿌리로 흡수되도록 돕는 역할을 한다. 또 화분에 물을 줌으로써 유해가스 성분들이 화분 밖으로 밀려나게 되므로 신선한 산소가 유입되어 뿌리의 호흡을 돕기도 한다.

식물에 적합한 물은 실온의 미지근한 상태의 물이다. 차가운 물은 식물의 잎과 꽃은 물론 뿌리까지 상하게 할 수 있다. 뿐만 아니라 식물에 공급되는 물은 석회 성분이 없어야 하므로 석회 성분이 들어 있는 수돗물은 한번 끓여 식힌 후 사용하는 것이 좋다.

식물이 필요로 하는 물은 식물이 자라는 장소의 환경, 배양토의 차이, 식물의 종류에 따라 달라 일률적인 기준을 제시할 수 없다. 이러한 주변 환경을 고려하지 않고 습관적으로 물을 주거나 하면 지나치게 과습하여 뿌리가 썩게 된다. 식물은 건·습의 과정을 충실히 반복해야 뿌리가 건강해지고 생육이 좋아진다. 물을 주는 횟수 못지않게 물의 양도 중요한데, 물을 적게 주면 밑에 잔뿌리까지 수분이 도달하지 못해 말라버릴 수 있으므로, 물을 줄 때는 화분 밑 배수 구멍 밑으로 흐를 때 까지 충분히 물을 주도록 한다.

우리나라는 4계절이 뚜렷해 계절별 환경이 다르다. 이는 식물들도 마찬가지로 계절별로 물 주는 시간과 양을 달리해야 건강하게 식물을 키울 수 있다. 가장 좋은 시간은 해가 떠올라 흙의 온도가 어느 정도 올라갔을 때 물을 주는 것이다.

봄·가을에는 9시에서 10시 사이, 여름철에는 7시에서 8시, 겨울철에는 11시에서 12시 사이에 물을 주도록 한다. 보통의 실내 식물은 화분의 흙 속까지 완전히 젖도록 물을 충분히 주어야 하는 것도 있지만 종류에 따라 겉흙만 살짝 적실 정도로 물을 주어야 하는 것도 있으므로 식물이 물을 좋아하는지 싫어하는지 잘 구별해야 한다.

이외에도 냉동성이 있는 식물은 겨울 휴면기에 서늘한 곳에 두고 약간 건조하게 관리하는 것이 좋다. 식물의 생긴 형태에 따라 물 주는 방법도 달리해야 하는데, 구근식물의 경우 토양에 직접 물을 주면 뿌리에 물이 고일 수 있으므로 화분 받침에 물을 주어 수분을 흡수하도록 하는 것이 좋고, 로제트를 형성하는 식물 종류들은 로제트 안에 물을 주어 항상 물을 품고 있을 수 있게 한다. 또 잎에서 수분을 흡수하거나 높은 공중습도를 좋아하는 식물들의 경우에는 분무기로 자주 물을 뿌려주도록 한다.

🍊 습기를 좋아하는 정도에 따른 분류

구 분	식물 종류
과습을 싫어하는 식물	게발선인장, 다육식물류, 디펜바키아, 라벤다, 로즈마리, 산세비에리아, 선인장류, 알로에, 제라늄, 칼랑코에, 크로톤, 타임, 페페로미아, 하트덩굴, 호야, 홍콩야자
습도가 높은 것을 좋아하는 식물	관음죽, 율마, 나비난초, 네프로레피스, 대나무, 마란타, 마르지나타, 목향나무, 벤자민, 수국, 시서스, 싱고니움, 아글라오네마, 아나나스, 아디안툼, 안스리움, 오죽, 와네끼, 청목, 치자나무, 칼라데아, 피닉스야자, 필로덴드론

🪴 온도

　식물이 정상적으로 자라고 꽃을 피우게 하기 위해서는 적정 온도를 맞춰 주는 것이 중요하다. 대부분의 식물들은 너무 낮거나 높은 온도에서는 생육이 정지되지만, 7~30℃ 사이에서는 온도가 높아질수록 왕성한 생육활동을 한다. 하지만 대부분의 실내 식물들은 가정의 실내 온도에 잘 적응해서 자라기 때문에 겨울을 제외하면 적정 온도보다 너무 높거나 낮지 않은 이상 정상적인 생육에 문제가 발생하는 일은 거의 없다.

　보통 일반 가정의 실내 온도는 20~23℃ 정도를 유지하는데 아열대가 원산인 식물들은 온도가 내려가는 겨울철 대부분 휴면기에 들어간다. 온대성 식물의 대부분은 실내보다는 낮은 온도를 선호하며 겨울철 서리에도 견딜 수 있다. 하지만 실내 온도는 장소에 따라 조금씩 달라질 수 있고 일정하지 않을 수 있으므로 식물을 배치할 때 이를 염두에 두어야 한다. 난방기 주변은 온도가 높고 건조하므로 근처에 식물을 두지 않는 것이 좋고, 강한 직사광이 바로 들어와 온도가 높은 남향 창가는 식물이 말라 죽을 수 있으므로 난방기 주변과 마찬가지로 식물을 두지 않는 것이 좋다. 바깥 공기가 잘 들어오는 곳은 온도가 급격하게 떨어질 수 있는데, 어떤 식물들은 이를 견디지 못하고 죽기도 한다.

　대부분의 실내 식물들은 겨울철에 성장을 쉬는 휴면기를 갖는데, 낮은 온도에서 자라는 온대성 식물은 적응만 잘 시키면 실외에서도 겨울을 날 수 있다. 하지만 많은 종류의 식물들이 겨울철 동해에 주의해야 하며, 온도를 일정하게 유지할 수 있도록 주변 환경에 신경 쓰고 가급적 실내 온도에 맞춰 물을 주는 것이 좋으며, 잎에 직접 물방울이 닿지 않도록 주의한다. 집을 오래동안 비우면서 난방기를 꺼 놓으면 화초가 동해를 입게 될 수 있으니 주의해야 한다. 또한 식물은 갑작스러운 온도 변화에 민감한 반응을 보일 수 있으므로 신경 쓰는 것이 좋다.

월동 온도에 따른 분류

월동 온도	식물 종류
5℃	율마, 남천, 대나무, 동백, 만량금, 백량금, 소철, 아이비, 엽란, 유카, 종려죽, 천량금, 철쭉, 청목, 팔손이
5~10℃	고무나무, 군자란, 나비난초, 대나무야자, 떡갈잎고무나무, 문주란, 싱고니움, 아나나스, 아마릴리스, 아잘레아, 알로카시아, 워싱턴야자, 제라늄, 팔손이, 치자나무, 칼라, 파초, 프테리스, 헤데라, 홍콩야자
10~15℃	극락조화, 네프로레피스, 덴파레, 드라세나, 마르지나타, 몬스테라, 박쥐란, 산세비에리아, 스파티필룸, 아글레오마, 아레카야자, 아스파라거스, 카틀레야, 클로로덴드롱, 포인세티아, 피닉스야자, 하트덩굴, 호야
15℃ 이상	겐차야자, 고드세피아나, 네펜데스, 디펜바키아, 마란타, 베고니아, 아레카야자, 안스리움, 알로카시아, 산데리아나, 스킨답서스, 크로톤, 파키라, 폴리샤스, 필로덴드론, 행운목

토양

식물이 잘 자랄 수 있도록 여러 종류의 흙을 혼합해 만든 재배용 흙을 배양토라고 하는데, 이는 식물 기르기의 가장 기본적이고 중요한 요소이다. 식물마다 성격이 다르듯이 그 식물이 잘 자랄 수 있는 토양의 성격, 즉 구성 성분도 달라져야 하는데 배양토를 만들 때는 이를 고려하여 만들어야 한다. 일반적으로 흙의 입자가 50%, 수분 25%, 공기 25%가 혼합되어 있으며, 병충해에 오염되지 않는 토양을 가장 이상적인 토양으로 꼽는다.

토양의 산도는 식물의 성장에 많은 영향을 주는데, 밭흙의 토양 산도는 보통 pH 5.5~6.0 정도로 식물에 큰 영향을 끼치지는 않지만 배양토를 계속해서 사용할 경우 흙이 점점 산성화 된다. 이때는 산성흙에서 잘 자라지 않는 식물은 적당한 양의 석회를 섞어 중화시켜 주어야 한다.

강산성을 좋아하는 식물
pH5~6의 흙 : 아잘레아, 네프로레피스, 치자나무, 베고니아, 아디안툼

약산성을 좋아하는 식물
pH6~7의 흙 : 제라늄, 시클라멘, 포인세티아, 카네이션, 백합

중성을 좋아하는 식물
pH7의 흙 : 백일홍, 메리골드, 프리뮬러, 마가렛, 아스타

알칼리성을 좋아하는 식물
pH7 이상의 흙 : 금잔화, 장미, 세네라리아, 거베라, 스위트피

🌼 좋은 흙의 조건

조 건	특 징
배수	물을 주면 고이지 않고 즉시 스며들어야 하며, 입자가 입단형으로 되어 있어 말랐을 때 갈라지지 않아야 한다.
통기성	입자 사이에 적당한 공간이 있어 공기가 자유롭게 들락거릴 수 있어야 한다.
보수력	배수도 중요하지만 토양 입자들이 적당한 수분을 머금고 있어야 식물이 이를 이용할 수 있다. 퇴비와 부엽토 등 유기질이 많이 들어있는 흙이 보수력이 좋으며 화분에 식물을 심을 때 부엽토, 펄라이트, 피트모스(수태) 등을 섞어 보수력을 높일 수 있다.
양분	식물이 자라는데 필요한 무기염류를 충분히 가지고 있어야 한다. 유기질 비료가 섞인 흙은 무기염류 공급에 좋다.
산도	일반적으로 식물이 잘 자라는 토양은 중성에서 약산성의 성질을 가진 흙이지만 식물에 따라 조금씩 다를 수도 있다.
병충해	병원균이나 해충 및 잡초의 씨가 아예 없거나 적은 흙이 좋은데, 종자를 파종하는 흙은 깨끗이 소독하여 사용하는 것이 좋다.

🌼 비료의 성분

성 분	특 징
질소	비료의 성분들 중 가장 많이 흡수되는 영양소로 식물의 외형적 성장에 직접적으로 관계되는 것이다. 질소가 부족하면 식물의 성장이 위축되고 잎의 색깔이 연해진다. 또 꽃이 잘 피지 않거나 아주 작게 필 수 있으며 질소가 과할 때는 식물이 웃자라고 얇은 잎만 비정상적으로 커진다.
인산	꽃 맺음과 열매 맺음에 직접적으로 관계되는 것으로, 인산이 부족하게 되면 줄기가 가늘어지고 마디 사이가 짧아지며 꽃의 크기 역시 작아진다. 반대로 인산이 과하면 잎이 작아지면서 노랗게 변하고 식물이 오그라든다.
칼리	식물의 줄기와 가지를 튼튼하게 하고 병충해에 대한 저항력을 높여주는 것으로 뿌리의 전분 저장량을 증대시켜 주는 역할을 한다. 칼리가 부족하면 잎이 말라 떨어지게 되고 식물체의 키가 낮아지며, 꽃의 크기가 작아지게 되고 지나치면 생장점의 자람이 약화되어 꽃 피는 숫자가 적어진다.
마그네슘	마그네슘이 부족하면 엽록소의 형성에 지장이 생겨 식물의 성장에 좋지 않다.
철분	철분이 부족하면 새로 나오는 잎이 말라 들어간다.

흙의 종류

종류	특징
밭흙	배양토의 주재료가 되는 흙으로 병충해를 함유하고 있지 않아야 한다.
부엽토	식물체가 쌓여 썩어 만들어진 흙. 자체적으로 많은 양의 거름기를 포함하고 있으면서도 습기를 지니는 성질이 좋다. 물빠짐과 공기의 드나듦 또한 좋아 밭흙과 함께 배양토를 만드는 주재료로 사용한다.
모래	물빠짐과 공기의 드나듦을 좋게 하기 위해 배합토의 주재료로 사용한다. 입자가 굵은 강모래가 미세한 입자의 모래보다 좋으며 화분에 사용하는 모래는 염분이 없어야 한다.
마사	배수층을 구성하는데 이용. 밭흙, 모래, 부엽토 등과 섞어 관엽식물, 분화식물을 심을 때 사용한다.
피트모스	부엽토와 비슷한 효과를 낼 수 있다. 토양 개량 효과가 뛰어나 배양토의 습기와 거름기를 지니는 성질을 높여줄 뿐만 아니라 공기의 드나듦 또한 원활하게 해 준다. 하지만 부엽토와 달리 거름기를 포함하고 있지는 않으므로 부엽토 대용으로 사용할 때는 밑거름을 충분히 섞어 주도록 한다.
코코넛 가루	피트모스와 마찬가지로 부엽토 대용으로 사용할 수 있는 종류이다. 피트모스와 거의 비슷한 성질로 이 역시 거름기를 포함하고 있지 않으므로 밑거름을 충분히 섞어 사용하는 것이 좋다.
질석	버미큘라이트라고도 하는 것으로 원예용 인조 흙이다. 거름기를 포함하고 있지는 않지만 가벼우면서도 습기를 간직하는 성질이 좋을 뿐 아니라 무균 상태이므로 배양토에 섞어 쓰면 효과를 볼 수 있다.
펄라이트	흰색의 가벼운 인공 흙 종류이다. 배양토를 만들 때 같이 섞어 사용하면 물빠짐과 공기의 드나듦이 좋아진다.
바크	전나무, 소나무의 껍질을 삶아서 분쇄한 것으로, 서양란이나 착생식물 종류를 심는데 단일 종류로 사용한다.
수태	습지에 있는 물이끼를 고온에서 쪄내서 건조한 것으로서, 통기성과 보수성이 매우 우수하며 양란과 일부 관엽 식물을 심을 때 사용한다.
난석	화산석의 한 종류로 미세한 공기구멍을 아주 많이 지니고 있다. 가벼우면서도 물을 지니는 성질과 공기의 드나듦이 탁월해 동양란 종류의 배양에 전용으로 사용한다.
하이드로 볼	찰흙을 고온에서 구워 작은 알맹이로 빚어낸 것으로 붉은색이며, 보습성이 매우 뛰어나다. 무균 무충의 흙으로 주로 수경재배나 화분의 장식용으로 쓰인다.
제오라이트	통기성, 보수성, 보비성이 뛰어난 종류로 피트모스, 바크, 코코넛 가루 등과 섞어 배양토로 쓰인다. 연작 장해나 산성화된 용토를 개량할 목적으로 사용하기도 한다.

식물 기를 때 가끔 해 주어야 할 일

1. 시든 꽃이나 잎 따주기

시든 꽃이나 누렇게 뜬 잎은 미관상의 이유도 있지만 식물의 건강한 성장을 위해서 꼭 따주어야 한다. 이들 꽃이나 잎은 새 싹이 돋는 것을 방해할뿐 아니라 병이 들어 건강한 다른 잎이나 뿌리까지 영향을 미치기 때문이다. 시든 잎이나 꽃은 쉽게 떨어지는데, 대충 그 부분만 따내는 것이 아니라 생장점 바로 앞 꼭지까지 모두 따 주는 것이 좋다.

2. 지지대 세우기

대나무 또는 쇠로 만든 지지대를 줄기와 평행이 되게 화분에 꽂는다. 지지대를 세울 때는 마치 직물을 짜는 것처럼 잎줄기들을 어긋나게 끼워준다. 이렇게 지지대를 세워주면 키는 크지만 줄기가 하나인 식물을 효과적으로 받쳐줄 수 있다. 가능한 줄기 가까이 세워 흙 속 깊이 꽂아야 안정적으로 식물을 받쳐줄 수 있다. 그런 다음 링으로 식물 줄기와 받침대를 묶어주면 된다.

3. 식물 샤워시키기

잎이 크고 질긴 식물은 적어도 일 년에 두 번 이상은 미지근한 물로 샤워를 시켜 잎의 먼지를 제거해 주어야 한다. 먼지가 오래 쌓여 있으면 기공을 막아 식물의 성장에 영향을 끼친다. 잎에 붙어 있는 먼지나 진딧물은 물줄기를 다소 세게 하여 씻어 내는데, 이때 잎이 꺾이지 않도록 잎 뒷면을 손으로 받쳐 줘야 한다.

4. 흙 갈아주기

규모가 큰 식물은 화분 안에 뿌리가 가득 차지만 않는다면 매번 분갈이를 해 줄 필요는 없다. 대신 화분 표면의 흙은 갈아주는 것이 좋다. 식물의 뿌리가 다치지 않도록 표면의 흙을 살살 긁어낸 다음 새 흙으로 바꿔주면 된다.

5. 색이 변한 잎 끝이나 가지치기

수분 요구도가 높은 식물 중 수분이 부족하면 금방 잎 끝이 갈색으로 변하는 식물이 있다. 이렇게 색이 변한 잎은 잘라버리는 것이 좋은데 녹색 부분이 잘려 나가지 않도록 조심해 잘라야 한다. 식물의 잎을 좀 더 풍성하게 관리하고 싶다면 봄에 하는 분갈이 때 잎이나 새로운 가지가 나오는 부분을 가지치기 해준다.

6. 웃자람 일 때

식물의 줄기가 자라면서 햇빛을 제대로 보지 못하는 실내에서 키울 경우 형광등과 같은 실내조명으로 인해 밝은 곳을 향해 올라가기 때문에 위로만 가지가 뻗어 올라간다. 마디가 옆으로 풍성하게 자라지 못하고 위로만 뻗어 올라가기 때문에 마디는 짧은데 길이만 앙상하게 길어진다. 이럴 때는 진정 가위로 가지 마디 바로 윗부분을 잘라준다. 위로 뻗어 올라갈 경우 바로 진정을 해서 옆으로 풍성하게 뻗어나게 관리한다.

불야성 [백합과]

장 소	직사광선을 좋아하지만 반그늘에서 관리하면 더 튼튼한 다육질이 된다.
온 도	18~24℃. 저온에 약하다.
물주기	분 위의 흙이 완전히 건조되었을 때 물을 준다.
관 리	1. 여름에는 화분의 흙이 말랐을 때 물을 주고, 겨울에는 거의 주지 않는다. 2. 여름철 고온다습한 기후 조건 때문에 무름병이 발생할 수 있으며, 겨울철 과습에도 주의해야 한다.
특 징	1. 성장 속도가 빠른 편으로 원산지에서는 1~2m에 달하는 종류도 있다. 2. 종형종으로 진한 녹색잎은 얼룩이나 줄무늬가 없고 잎 둘레에는 옅은 황색 가시가 있다. 3. '황금이빨 알로에'로 불리기도 하는데 잎의 길이나 형상에 따라 여러 변종이 있다. 4. 봄부터 가을까지가 개화기인데 주황색이나 붉은색 계열의 꽃이 100~200송이 정도 피며 곤충을 유인하는 꿀을 내뿜는다.
비 료	봄부터 가을까지 액비를 준다.
병충해	거의 없다.
번 식	봄에서 가을에 걸쳐 줄기를 삽목하여 번식한다.

재료 불야성, 옮겨 심을 화분, 배양토, 모종삽, 분무기, 가위

1 화분을 옆으로 기울여 흙과 함께 빼낸다.

2 준비한 화분에 흙과 함께 그대로 옮겨 심는다.

3 모자란 흙을 골고루 채워 넣는다.

4 빈 공간이 생기지 않도록 골고루 흙을 채운다.

나비난초 [백합과]

장 소	반양지, 반음지
온 도	18~30℃
물주기	화분의 흙이 말랐을 때 준다.
관 리	1. 직사광을 피해 바람이 잘 통하는 반양지에서 잘 자란다. 2. 저온에 매우 약하므로 겨울철 온도 관리에 유의한다. 3. 비교적 강건한 식물류이지만 충분한 빛을 받지 못할 경우 매우 연약해 질 수 있다. 4. 키가 크기도 하지만 잎 수가 많아지면서 풍성해지면 분갈이를 해 준다.
특 징	1. 소품의 대표적 실내식물로 디시가든, 테라리움, 비바리움 같은 실내 조경에 많이 이용된다. 2. 오염된 공기를 빨아들이는 능력이 탁월할 뿐 아니라 새로운 공기를 많이 내뿜어 공기정화에 좋은 식물이다. 3. 번식력이 좋은 식물로 1년 정도 키우면 분양이 가능해진다.
비 료	2주에 한 번 관엽용 복합비료를 준다.
병충해	거미응애, 깍지벌레
번 식	포기나누기

재료 나비난초, 옮겨 심을 화분, 배양토, 모종삽, 분무기, 가위

1 뿌리가 화분에 꽉 차 있을 경우 가위를 이용하여 화분을 잘라준다.

2 뿌리가 다치지 않도록 조심해서 빼낸다.

3 화분에 옮겨 심고 흙이 골고루 차도록 넣어준다.

산세비에리아 [백합과]

장 소	반양지
온 도	25℃ 전후
물주기	표면의 흙이 말랐을 때 물을 준다.
관 리	1. 음지에서도 견디긴 하지만 생장력이 약해지므로 빛이 잘 드는 곳에서 관리한다. 빛을 잘 받을수록 잎의 무늬가 선명해진다. 2. 10월부터 물을 점차 줄이고, 비료도 주지 않으면서 관리한다. 겨울철 얼지 않도록 보온에 신경쓴다. 3. 15℃ 이하로 기온이 내려가면 물 주는 횟수를 줄이고 8~10℃ 이하가 되면 물을 주지 않는다.
특 징	1. 비교적 기르기 쉬운 다육식물로 잎 전체가 푸른색을 가진 품종과 잎 가장자리에 황색의 얼룩무늬가 들어 있는 품종이 있다. 2. 통통한 대목에 가죽질감의 잎이 곧게 자라는데 가운데와 가장자리의 무늬는 품종에 따라 다양하다. 3. 실내 환경에도 잘 적응할 뿐 아니라 공기정화에도 효과가 있어 많은 인기를 얻고 있다.
비 료	봄에서 가을까지 한 달에 한 번 관엽용 복합비료를 준다.
병충해	쥐똥나무벌레, 깍지벌레, 거미응애
번 식	잎꽂이, 포기나누기

자보 [백합과]

장 소	강한 직사광을 피한 밝은 곳
온 도	5℃ 이상
물주기	여름철에는 습도를 유지하도록 하고, 겨울철에는 흙이 완전히 마른 후 물을 준다.
관 리	1. 일조량이 부족한 곳에 오래 두면 웃자람이 심해 모양이 좋지 않으므로 책상 등 다소 어두운 곳에 두려면 밤에만 두는 것이 좋다. 2. 어린 새순이 잘 나오는 종류로 새순이 올라왔다고 해서 바로 포기나누기를 하지 말고 어느 정도(30일 이상) 지난 후 완전히 뿌리가 내리면 옮겨 심는다.
특 징	1. '자보'는 일본식 한자명으로, 원산지는 남아프리카이고 꽃은 위장 모양으로 작고 줄기가 없다. 2. 속명 'Gasteria'는 gaster에서 왔는데, 꽃 모양이 복부(배) 모양으로 불룩한 데서 유래되었다. 3. 소의 혀 모양으로 어긋나고 긴 다육질의 잎이 유모종일 때는 일렬로 자라지만 점차 나선형의 로제트형으로 된다. 4. 잎은 짙은 녹색으로 흰 점이나 흰 무늬가 있고 표피는 딱딱한 편으로 봄에 로제트 중심에서 긴 꽃대가 올라온다.
비 료	한 달에 한 번 관엽용 복합비료를 준다.
병충해	병해충이 거의 생기지 않는 편이나 과습하면 깍지벌레가 생긴다.
번 식	잎꽂이, 씨뿌리기

구즈마니아 [파인애플과]

장 소	반음지
온 도	8℃ 이상
물주기	흙이 완전히 말랐을 때 물을 준다.
관 리	1. 빛이 잘 드는 반그늘에서 잘 자라지만 직사광에는 약하므로 피하는 것이 좋다. 2. 휴면기에 들어가는 10월부터는 서서히 물주는 것을 줄이고, 겨울철에는 습기를 유지할 정도만 준다. 3. 포기 중심부터 수분을 흡수하므로 잎에도 분무한다. 4. 따뜻한 5~9월에는 빛 좋은 실외에 두고 추워지면 실내에 들여 놓는다.
특 징	1. 관상용 파인애플의 한 종류로 실내 또는 온실용 식물이다. 2. 꽃과 잎의 모양과 색상에 따라 다양한 품종이 있다. 3. 착생 식물로 생명력이 강하며 꽃은 꽃장식에도 많이 쓰인다.
비 료	봄부터 가을까지 한 달에 한 번 관엽용 복합비료를 준다.
병충해	깍지벌레, 쥐똥나무벌레
번 식	포기나누기

구즈마니아 링쿨레타 [파인애플과]

장 소	반음지
온 도	15~20℃
물주기	표면의 흙이 완전히 말랐을 때 잎 사이의 홈에 물을 준다.
관 리	1. 물을 너무 많이 주면 뿌리가 썩을 수 있으므로 주의한다. 2. 비교적 기르기 쉬운 식물로 햇빛이 충분한 곳에 두고 기르면 꽃을 볼 수 있다. 3. 5~9월 사이의 생육기에는 물을 흠뻑 주고 10월 이후의 휴면기에는 다소 건조하게 관리한다.
특 징	1. 잎은 로제트 형태를 이루고 있으며 붉은색의 화려한 꽃이 핀다. 2. 파인애플과의 종류로 부드러운 녹색 잎과 아름다운 꽃이 피는 소형종이다. 3. 정글의 나무나 바위에 착생해 살기도 하지만 보통 가정에서는 화분에 심어 관상한다.
비 료	봄에서 여름에 걸쳐서 두 달에 한 번씩 두 배 희석한 액체비료를 준다.
병충해	깍지벌레
번 식	포기나누기

아이비 [두릅나무과]

장 소	반양지, 반음지
온 도	16~24℃
물주기	표면의 흙이 건조해지면 충분히 준다.
관 리	1. 수분을 좋아하지만 건조에도 어느 정도 견딜 수 있다. 매달기용 화분은 수분 손실이 빠른 편이므로 물이 부족하지 않도록 주의한다. 2. 매년 봄 분갈이를 해 주고 가지치기를 하면 더 많은 가지가 나온다. 3. 여름철에 통풍이 잘 안되는 곳에 두면 뿌리가 질식하여 시들어 죽는다.
특 징	1. 공공건물의 아트리움이나 로비의 지면을 덮어 싸는 피복식물로 많이 사용된다. 2. 잎의 형태와 색에 따라 다양한 품종들이 만들어지고 있는데, 여러 가지 형태로 변형 시키거나 걸이용 화분으로 사용하기에 최적의 식물이다. 3. 포름알데히드 제거 능력이 뛰어난 공기정화 식물로 다양한 실내 환경에 적응 가능하지만 고온에는 약하다.
비 료	봄에서 가을에 걸쳐 2주에 한 번 관엽용 복합비료를 준다.
병충해	응애, 진딧물, 깍지벌레
번 식	줄기꽂이, 수경재배

재료 아이비, 옮겨 심을 화분, 배양토, 모종삽, 분무기, 가위

1 뿌리가 상하지 않도록 조심하면서 화분을 기울여 빼낸다.   **2** 뿌리와 흙을 정리하고 그대로 옮겨 심는다.   **3** 흙이 골고루 꽉 차도록 채워 준다.   **4** 분갈이 후 누렇게 변한 잎은 가위로 잘라낸다.

홍콩야자 [두릅나무과]

장 소 반양지
온 도 18~24℃
물주기 흙이 말랐을 때 물을 준다.
관 리 1. 잎의 광택을 좋게 하기 위해서는 빛이 잘 드는 실외에 두는 것이 가장 좋다.
2. 2~3일 정도 물을 주지 않아도 괜찮으며, 흙이 완전히 마른 후 물을 주고 겨울에는 횟수를 줄인다.
3. 2~3년마다 이른 봄에 분갈이를 해 주고 가지치기를 하여 잎이 무성히 자랄 수 있도록 한다.

특 징 1. 식물체 자체의 규모가 있기 때문에 배치할 장소를 고려하는 것이 좋으며, 너무 크게 자라는 것을 억제하기 위해 중심줄기의 마디 부분을 잘라 작게 키울 수도 있다.
2. 초보자들이 키우기 적합한 식물이지만 조금만 관리를 소홀히 하면 해충이 생기기 쉽다. 때문에 자주 분무하여 해충을 예방해야 한다.
3. 증산작용과 포름알데히드 제거 능력이 우수한 공기정화 식물이다.
4. 품종에 따라 잎 크기가 다양하며 노란색 무늬가 있는 품종도 있다.

비 료 봄에서 가을에 걸쳐 2주에 한 번 관엽용 복합비료를 준다.
병충해 진딧물, 응애, 깍지벌레
번 식 꺾꽂이, 휘묻이

1 뿌리가 화분 모양대로 형태를 이루고 있다.

2 준비된 화분에 망을 깔아준다.

3 화분에 뿌리가 다치지 않도록 그대로 심는다.

4 배양토로 그 위를 눌러가며 채운다.

둥근잎아랄리아 [두릅나무과]

- **장 소** 반양지, 반음지
- **온 도** 16~30℃
- **물주기** 겉흙이 마르면 충분히 물을 준다.
- **관 리**
  1. 겨울철에는 다소 건조하게 관리하는 것이 좋고 공중습도는 다습한 환경을 좋아한다.
  2. 직사광은 물론이고 대부분의 빛 조건에서 잘 자랄 수 있으나 빛이 강한 여름에서 가을 사이에는 가급적 직사광은 피하는 것이 좋다.
  3. 이른 봄이면 가지치기를 해 주고 2~3년마다 분갈이를 한다.
- **특 징**
  1. 키우기가 까다롭지 않아 일반 가정에서도 많이 키우는 식물로 '아랄리아파비안'이라는 이름으로 불리기도 한다.
  2. 원산지에서는 8미터까지 자라는 소교목으로 잎이 풍성하고 여름철에는 시원한 분위기를 연출해 인테리어 소품으로도 손색이 없다.
  3. 타원형의 잎은 녹색 바탕에 흰색의 무늬가 있다.
- **비 료** 봄부터 가을까지 한 달에 한 번 관엽용 복합비료를 준다.
- **병충해** 진딧물, 쥐똥나무벌레, 깍지벌레, 온실가루이, 잿빛곰팡이병
- **번 식** 가지꽂이

게발선인장 [선인장과]

- **장 소** 햇빛이 잘 드는 반양지
- **온 도** 10~20℃
- **물 기** 흙이 완전히 말랐을 때 물을 준다.
- **관 리**
  1. 저온기와 저습기라는 두 번의 휴식기를 거쳐야 하는데, 개화 후 2개월 동안 추울 때는 월 1~2회 정도의 물을 주면 휴식기를 가진다. 여름철에는 물과 비료를 적게 주면서 관리해야 꽃이 잘 핀다.
  2. 빛이 강한 여름철에는 통풍이 잘 되는 반그늘로 옮기고 가을까지는 충분한 빛을 쬔다.
  3. 꽃눈이 생기는 9월까지 비료를 주면 마디 줄기만 늘어 꽃이 피지 않으므로 주의한다.
  4. 기온이 10℃ 정도로 유지되면 가장 좋은 꽃눈이 만들어지며 꽃눈이 만들어지기 시작할 때 급격히 환경을 바꾸면 꽃봉오리가 모두 떨어지므로 주의한다.
- **특 징**
  1. 크리스마스에 전성기를 맞이한다고 해서 '크리스마스캑터스'라고도 한다.
  2. 선인장 종류이긴 하지만, 열대우림의 수목 줄기에서 착색해 자라는 식물이다.
  3. 생장기 마디 줄기가 잎의 역할을 하는데, 줄기 끝에 둥글게 꽃봉오리가 한 달 정도 맺혔다가 꽃이 핀다.
  4. 품종 개량이 다양하게 이루어져 빨간색은 물론 분홍색, 오렌지색, 흰색, 혼합색 등 여러 가지 꽃을 볼 수 있다.
- **비 료** 4~7월에 한 달에 한 번 관엽용 복합비료를 준다.
- **병충해** 진딧물, 쥐똥나무벌레
- **번 식** 꺾꽂이

용설란 [용설란과]

장 소	양지, 반양지
온 도	18℃ 내외
물주기	화분의 흙이 완전히 말랐을 때 물을 준다.
관 리	1. 물을 너무 많이 주면 죽는다. 겨울철에는 거의 마른 듯 관리한다. 2. 10월부터 이듬해 4월까지는 휴면기가 필요한데 이때 빛이 있으며 약간 서늘한 곳에 둔다. 3. 빛이 잘 드는 곳에 두고 2~3년마다 한 번씩 이른 봄에 분갈이를 한다.
특 징	1. 줄기가 없고 넓고 두꺼운 다육질의 잎이 로제트 형으로 나 있다. 잎 끝이 뾰족하고 가장자리에 갈색 가시가 있다. 2. 식물의 잎이 용의 혀와 비슷하다고 하여 '용설란(龍舌蘭)'이라는 이름이 지어졌으며 잎에 가시가 있어 열대에서는 산울타리 식물로 심는다. 3. 100년에 한 번 꽃이 핀다고 하여 '세기 식물(century plant)'라고도 하나 그렇게 오래 걸리지는 않으나 꽃이 핀 다음에는 죽는다.
비 료	봄에서 가을에 걸쳐 한 달에 한 번 관엽용 복합비료를 준다.
병충해	진딧물
번 식	포기나누기

드라세나 자넷크레이그 [용설란과]

- **장 소** 반음지
- **온 도** 16~20℃
- **물주기** 화분의 흙이 마르기 시작할 때 듬뿍 준다.
- **관 리**
  1. 가을과 겨울에는 물 주는 횟수를 줄이고 비료는 주지 않는다.
  2. 잎은 광택제 대신 가끔씩 분무를 해 주거나 젖은 천으로 잎을 닦아 준다.
  3. 뿌리가 건조하지 않도록 촉촉한 토양을 유지하도록 한다.
- **특 징**
  1. 1m 미만으로 자라는 소형종으로 약간의 빛에도 견딜 수 있다.
  2. 드라세나 종류 중 실내공기 오염 물질을 가장 잘 제거하는 것으로 알려져 있는데 트리클로로에틸렌 제거율이 특히 높다.
  3. 가정, 사무실 등 현대적인 인테리어와 잘 어울려 인기가 높은 품종이다.
  4. 잎은 넓고 길며 서로 겹쳐 있고 줄기에 밀집되어 있어 마치 부케 다발처럼 보이기도 한다.
- **비 료** 봄에서 여름에 걸쳐서 2주에 한 번 액체 비료를 준다.
- **병충해** 응애, 깍지벌레
- **번 식** 줄기꽂이

드라세나 마르지나타 [용설란과]

장 소	반음지
온 도	16~24℃
물주기	여름철에는 흙이 마르기 시작할 때 주고 겨울철에는 완전히 말랐을 때 준다.
관 리	1. 이른 봄에 길게 자란 줄기를 잘라주면 생장이 촉진되어 잎이 더욱 풍성해진다. 2. 매년 봄에 분갈이를 해 주고 겨울철에는 약간 건조한 듯 관리하는 것이 좋으나 지나치게 건조하면 잎이 누렇게 마르며 죽는다.
특 징	1. 드라세나 중 가장 널리 알려진 품종으로 다른 품종에 비해 어두운 곳에서도 비교적 잘 자란다. 2. 매끄러운 회색 줄기가 곧게 뻗으며 각 줄기의 선단에 가느다란 잎이 다발형태로 무리지어 자라고 광택 있는 짙은 녹색 잎의 가장자리에는 빨간 테두리가 있다. 3. 빛이 부족한 장소나 겨울철 건조한 환경에 잘 견디기 때문에 대부분의 주거 환경에 이상적인 식물이다. 4. 키실렌, 트리클로로에틸렌 등의 제거 능력이 뛰어난 공기정화 식물로 거실, 안방, 현관 등의 장소에 두면 좋다.
비 료	봄부터 가을까지 2주에 한 번 관엽용 복합 비료를 준다.
병충해	응애, 깍지벌레
번 식	꺾꽂이, 줄기묻이

드라세나 송오브인디아 [용설란과]

- **장 소** 반양지
- **온 도** 16~24℃
- **물주기** 화분의 흙이 완전히 말랐을 때 물을 준다.
- **관 리**
  1. 잎은 광택제 대신 젖은 수건이나 스펀지를 이용해 닦아주고, 물을 줄 때는 샤워기로 씻어 주거나 분무해 주면 잘 자란다.
  2. 빈약한 가지는 바로 잘라내야 남은 가지에서 새로운 가지들이 자라 나온다. 또, 지나치게 무성해진 잎은 가지치기를 해서 정리해 주어야 새로운 가지가 잘 나온다.
  3. 여름 성장기 동안 다른 계절보다 흙의 습도를 쾌적하게 유지해 주면 잘 자란다.
  4. 겨울철에는 충분한 양의 빛을 쪼이다 빛이 따가워지기 시작하면 직접 빛이 닿지 않는 곳으로 옮겨야 잎이 타는 것을 막을 수 있다.
- **특 징**
  1. 노란색 바탕의 잎에 짙은 녹색 무늬를 가진 드라세나 송오브인디아는 드라세나 중 특히 인기 있는 소형종이다.
  2. 줄기는 가늘고 마디가 비교적 길며 밑의 잎이 비교적 오래 남아 있다.
  3. 잎의 생김이 화려하여 드라세나 종류 중에서 특히 고급스러운 느낌을 준다.
- **비 료** 봄~여름의 생장기에 2주에 한 번 관엽용 복합비료를 준다.
- **병충해** 응애, 깍지벌레
- **번 식** 가지꽂이

드라세나 와네끼 [용설란과]

장 소	반음지
온 도	16~30℃
물주기	화분의 흙이 말랐을 때 준다.
관 리	1. 잎이 빽빽하게 차면 가지치기를 해 주고 1~2년에 한 번 씩 분갈이를 해 준다. 2. 겨울철에는 비료를 주지 않으며 물 주는 횟수도 줄인다. 공중습도는 다소 높게 관리한다. 3. 주기적으로 화분 위치를 바꿔 골고루 빛을 받을 수 있도록 한다.
특 징	1. 드라세나 종은 줄기에 잎이 촘촘하게 붙어나고 긴 피침 모양으로 가죽질이다. 목질의 줄기 끝에 작은 꽃이 빽빽하게 피지만 거의 꽃을 보기 어렵다. 2. 3~5m 정도 자라는 실내 관엽식물로, 줄기는 곧게 자라고 잎은 진녹색 바탕에 유백색의 세로선이 있고 사이사이 녹색이 끼여 있다. 3. 드라세나 종류는 50여 종이 있는데 공기정화에 좋은 식물 중 하나로 뛰어난 증산 작용을 한다.
비 료	봄에서부터 여름에 걸쳐서 2주에 한 번 관엽용 복합비료를 준다.
병충해	쥐똥나무벌레, 깍지벌레
번 식	꺾꽂이

재료 드라세나 와네끼, 옮겨 심을 화분, 배양토, 꽃삽, 분무기

1 뿌리가 상하지 않도록 조심해서 빼낸다.

2 어느 정도 흙을 정리하고 옮겨 심는다.

3 골고루 흙을 담아 꾹꾹 눌러 준다.

드라세나 자마이카 [용설란과]

장 소 반양지, 반음지

온 도 20~25℃

물주기 여름철에는 흙이 마를 때 주고, 겨울철에는 완전히 말랐을 때 준다.

관 리
1. 햇빛이 어느 정도 드는 밝은 곳에 두면 잎의 색깔이 더욱 선명해진다. 단, 한여름 직사광선은 피한다.
2. 실내 공기가 건조한 경우 잎 표면에 자주 분무해 주어야 싱싱한 외관을 유지할 수 있고 병충해도 막을 수 있다.
3. 가지 끝을 잘라주면 새로운 가지가 나와 원하는 수형으로 만들 수 있다.
4. 번식이 빠른 편이므로 죽은 가지는 바로 잘라 주도록 한다.

특 징
1. 비교적 음지에서도 강한 식물로 실내에 잘 적응하며 인테리어나 실내 정원에 많이 이용된다.
2. 송오브인디아와 함께 최고급 실내 식물로 분류되며 줄기는 굽으면서 자라고 잎의 길이는 10~15cm로 줄기 주위에 촘촘하게 붙어 자라며 잘 떨어지지 않는다.
3. 와네끼 종보다는 성질이 약한 편이며 잎이 진하면서 은은한 노란색이 풍겨 고급스러움과 신선함을 느낄 수 있다.

비 료 봄부터 가을까지 한 달에 한 번 액체용 복합비료를 준다.

병충해 응애, 깍지벌레, 진딧물

번 식 꺾꽂이

무자 유카 [용설란과]

장 소 양지

온 도 0℃ 이상

물주기 화분의 흙이 말랐을 때 준다.

관 리
1. 따뜻한 곳과 서늘한 곳 모두 적응 가능하나 겨울철에는 서늘한 곳에 두고 물의 양을 줄인다.
2. 이른 봄에 가지치기를 해 주는 것이 좋고 휴면기인 겨울에는 빛이 서늘한 곳에 두고 물을 줄이고 비료를 주지 않는다.
3. 2~3년마다 한 번씩 이른 봄에 분갈이를 해 준다.

특 징
1. 잎은 가죽질감에 가장자리가 거칠고 줄기 끝이 연하며 로제트 형태로 나온다.
2. 실내 공기정화에 효과가 있어 집안에 두면 좋다.

비 료 봄에서 가을에 걸쳐서 2주에 한 번 관엽용 복합비료를 준다.

병충해 진딧물, 쥐똥나무벌레, 깍지벌레

번 식 포기나누기, 봄철 눈 잘라 꽂기

용산 [알로에과]

장 소	반그늘
온 도	15~30℃
물주기	화분의 흙이 완전히 말랐을 때 물을 준다.
관 리	1. 직사광을 좋아하지만 너무 강한 빛을 받으면 잎끝이 타들어가므로 밝은 그늘에 둔다. 2. 2년에 한 번 봄, 가을 중에 분갈이를 해 준다. 3. 잎이 겹쳐 있는 부분은 물이 고이지 않도록 세심하게 살피도록 한다.
특 징	1. '용의 발톱'이라고도 불리는데, 여러 종류의 알로에 중 줄기가 짧은 소형종이다. 2. 살이 두텁고 둘레와 뒤쪽에 가시가 돋아 있으며 여름에 옅은 홍색 꽃이 핀다. 3. 로제트 형으로 자라는 관상용 알로에로 우리나라에 가장 많이 보급된 관상용 알로에 종류다.
비 료	1년에 한 번 봄, 가을 중에 관엽용 복합비료를 준다.
병충해	진딧물, 거미응애
번 식	줄기꽂이

필로덴드론 [천남성과]

장 소	반음지
온 도	12~18℃
물주기	표면에 흙이 말랐을 때 충분히 준다.
관 리	1. 겨울철 낮은 온도에서 잎의 색이 변할 수 있으므로 주의한다. 2. 위로 뻗는 종류의 경우 받침대를 세워주고 매년 분갈이를 해도 무방하나 다 성장한 경우에는 윗부분의 흙만 갈아주어도 된다. 3. 저온 과습한 환경에서는 뿌리썩음병이 발생할 수 있다.
특 징	1. 현재 200여 종이 있는데 원산지는 품종에 따라 다르다. 2. 덩굴성 또는 반덩굴성 식물로 특별한 관리가 없어도 잘 자라는 식물이다. 3. 잎 형태나 크기에 상당한 변화가 많으며 대부분은 진녹색이고 광택이 나는 잎을 가지고 있다.
비 료	월 2~3회 액비를 주거나 깻묵을 화분 위에 올려둔다.
병충해	진딧물, 깍지벌레
번 식	꺾꽂이, 휘묻이

문 라이트 [천남성과]

- **장 소** 반음지
- **온 도** 20~25℃
- **물주기** 표면의 흙이 마르기 시작할 때 준다.
- **관 리**
  1. 높은 공중 습도를 좋아하는 식물로 실내 공기가 건조할 경우 잎에 분무해 준다. 겨울철엔 화분의 흙이 완전히 마르고 난 후 물을 준다.
  2. 생장기에는 흙의 수분을 어느 정도 유지하는 것이 좋다.
  3. 활발한 생장을 위해 계절과 관계없이 주기적으로 가지치기를 해 준다. 분갈이는 3년마다 한 번씩 한다.
- **특 징**
  1. 필로덴드론의 한 종류로 '문라이트'라는 이름으로 유통되기도 한다.
  2. 인위적인 변종으로 잎의 색이 절묘하여 인기있는 실내식물 중 하나이다.
  3. 어린 잎은 노란색을 띤 연둣빛의 형광색으로, 실내장식에 이용하면 근사한 분위기가 연출된다.
  4. 실내 관엽식물 중 고급 수종에 속하는 것으로 공기정화 능력 또한 뛰어나다.
- **비 료** 봄에서 가을까지 3주에 한 번 관엽용 복합비료를 준다.
- **병충해** 진딧물, 거미응애, 깍지벌레
- **번 식** 줄기꽂이

칼라릴리 [천남성과]

장 소	반양지, 반음지
온 도	16℃
물주기	표면의 흙이 마르면 물을 준다.
관 리	1. 늦서리 걱정 없을 시기까지 실내에 두고 그 이후에는 빛이 잘 드는 곳으로 옮겨 준다. 2. 봄에 심는 구근용은 과습에 약하므로 물 주는 횟수를 줄여야 한다. 3. 화분을 서늘한 곳에 두면 꽃의 수명이 길어지고 색깔도 선명해진다. 4. 꽃을 보기 위한 식물이기 때문에 따로 분갈이는 필요 없으며, 가을에 시들고 나면 다시 꽃이 피지 않기 때문에 그냥 처리한다.
특 징	1. 꽃장식용으로 인기가 높은데, 화분에 심는 경우 긴 화살촉 모양의 뿌리 잎과 함께 즐긴다. 2. 트럼펫 모양의 화려한 불염포가 굵은 줄기에서 피는데, 흰색, 노란색, 복숭아색, 분홍색, 빨간색, 자주색 등이 있다.
비 료	한 달에 두 번 액비를 준다.
병충해	깍지벌레
번 식	포기나누기

싱고니움 [천남성과]

장 소	반양지, 반음지
온 도	16~24℃
물주기	흙이 마르면 물을 준다.
관 리	1. 습한 환경을 좋아하므로 자주 분무해 주고 가끔 젖은 천으로 잎 표면의 먼지를 닦아 준다. 2. 탐스럽고 볼륨있는 외관을 유지하기 위해 정기적으로 가지치기를 하며 화분을 돌려주는 것이 좋다. 3. 강한 빛에 장시간 노출되면 잎이 타들어가고 반대로 빛을 너무 못 봐도 연약하게 웃자랄 수 있다.
특 징	1. 열대아메리카 원산의 덩굴성 식물로 관리가 용이할 뿐 아니라 해충에도 강해 실내 원예 식물로 인기가 높다. 2. 어릴 때는 가늘고 긴 잎 모양을 가지고 있지만 자라면서 창 모양 혹은 별 모양의 형태가 된다. 3. 암모니아 제거 기능이 뛰어나며 VDT 증후군에 좋아 컴퓨터나 TV 가까이에 두면 좋다.
비 료	봄에서 가을에 걸쳐 2주에 한 번 관엽용 복합비료를 준다.
병 해	응애, 진딧물, 깍지벌레
번 식	꺾꽂이, 휘묻이

재료 싱고니움, 옮겨 심을 화분, 배양토, 모종삽, 분무기

1 뿌리의 호흡작용과 배수를 위해 질석을 깔아준다.

2 뿌리째 덜어낸 식물을 옮겨 심는다.

3 부족한 흙을 채우고 마무리 한다.

스킨답서스 [천남성과]

재료 스킨답서스, 옮겨 심을 화분, 배양토, 모종삽, 분무기

장 소 반음지, 음지

온 도 18~24℃

물주기 봄~여름에는 흙이 마르기 시작할 때, 겨울에는 거의 물을 주지 않는다.

관 리
1. 화분의 흙이 약간의 수분을 머금고 있어야 한다. 건조한 환경이 계속되면 생육 속도가 떨어지고 낙엽이 생길 수 있다.
2. 지나치게 많은 가지가 생겨 복잡해지면 약한 가지는 잘라내 버리고, 잎 표면에 분무를 하거나 젖은 수건으로 닦아 주어 습도를 유지한다.
3. 생장기에는 표면의 흙이 마르지 않도록 수분관리에 신경을 쓰고 겨울에는 분무로 수분 공급을 한다.

특 징
1. 덩굴성 열대 상록 관엽으로 수경재배는 물론 음지에서도 잘 자라 실내 어느 곳이나 배치가 가능하며, 특히 주방 장식에 알맞다.
2. 생장이 빠를 뿐 아니라 재배와 관리가 편리하고 해충에도 강해 식물 기르기의 초보자에게 적합한 식물이다.
3. 잎을 관상하는 덩굴성 식물이므로 걸이용 화분, 시렁, 틀 등 조금 높은 곳에 두고 기른다.

비 료 봄에서 가을에 걸쳐 2주에 한 번씩 액체 비료를 연하게 준다.

병충해 진딧물, 깍지벌레

번 식 줄기꽂이

1 화분에서 뿌리째 덜어 낸다.

2 새로운 화분에 옮겨 심고 모자란 흙을 채운다.

3 상하거나 마른잎은 잘라낸다.

금전수 [천남성과]

재료 금전수, 옮겨 심을 화분, 배양토, 난석, 모종삽, 분무기

장 소 반음지

온 도 18~24℃

물주기 여름철에는 표면의 흙이 말랐을 때, 겨울철에는 안쪽의 흙까지 바싹 말랐을 때 물을 준다.

관 리
1. 건조에 강하고 알뿌리에 많은 물을 저장하고 있으므로 물을 자주 줄 필요가 없으며, 잎에 따로 분무는 하지 않는다.
2. 언제 물을 줘야 할지 모를 때는 잎이 쭈글쭈글해질 때 물을 주면 된다.
3. 음지에서도 잘 자라지만 직사광이 없는 밝은 그늘에서 관리하는 것이 제일 좋다.
4. 저온에 노출되거나 줄기가 과습하면 뿌리 썩음이 발생하여 줄기 전체가 물컹거리며 쓰러질 수 있다.

특 징
1. 서양에서는 집안에 두면 금전운이 들어온다는 속설이 있다.
2. 생명력이 강하고 조형미가 있어 실내 식물로 많이 키운다.
3. 생장이 느린 직립의 다육식물로 알뿌리를 가지고 있으며 줄기 하부에 암꽃이 피고 상부에 수꽃이 핀다.

비 료 봄에서 가을에 걸쳐 주기적으로 액비를 준다.

병충해 진딧물, 거미응애

번 식 잎꽂이, 포기나누기

1 흙이 쏟아지지 않도록 화분을 기울여 조심스럽게 식물을 빼낸다.

2 감자 모양으로 둥글게 얽힌 잔뿌리 주변의 흙을 정리한다.

3 원활한 통기를 위해 난석을 10cm 정도 깔아 준다.

4 식물을 옮겨 심고 흙이 골고루 꽉 차도록 채운다.

디펜바키아 [천남성과]

장 소 반양지

온 도 16~27℃

물주기 여름철에는 표면의 흙이 마르기 시작할 때, 겨울철에는 완전히 말랐을 때 물을 준다.

관 리
1. 가끔 분무해 주면 싱싱한 외관을 유지할 수 있으며 강한 직사광이나 어두운 곳에서는 잎의 색이 흐려진다.
2. 바람이 직접 닿지 않는 곳에 두는 것이 좋은데 생장기에는 어느 정도 차광이 되는 실외에 둔다.
3. 겨울철에는 흙을 약간 건조하게 유지하면 8~10℃의 실온에서 겨울을 날 수 있으며, 밤에는 특히 보온에 신경 쓰도록 한다.

특 징
1. 둥근 모양의 잎에는 녹색, 흰색, 크림색의 알록달록한 무늬가 있어 관상 가치가 높을 뿐 아니라 포름알데히드 제거율이나 키실렌, 톨루엔의 제거율이 높은 대표적 공기정화 식물이다.
2. 디펜바키아는 어느 부분이든 수산화칼슘이라는 독소가 있어 입안에 넣게 되면 혀와 성대가 부어오르면서 마비가 되므로 주의한다.

병충해 응애, 진딧물, 깍지벌레

번 식 꺾꽂이, 포기나누기, 배양

재료 디펜바키아, 옮겨 심을 화분, 배양토, 모종삽, 분무기, 가위

1 흙이 쏟아지지 않도록 주의하며 화분을 기울여 식물을 빼낸다.

2 옮겨 심을 화분에 흙과 함께 그대로 심어 준다.

3 흙이 골고루 꽉 차도록 채워 준다.

4 분갈이 후 누렇게 변한 잎은 가위로 잘라 정리한다.

스파티필룸 [천남성과]

장 소 반양지, 반음지

온 도 16~24℃

물주기 여름철에는 흙이 마르기 전, 겨울철에는 흙이 완전히 말랐을 때 준다.

관 리
1. 수경재배가 가능한 식물로 높은 공중 습도를 좋아하며, 잎 표면에 자주 분무하여 싱싱한 외관을 유지할 수 있도록 한다.
2. 병충해가 잘 없는 식물이지만 매우 건조한 환경에서는 병충해가 발생하기도 한다.
3. 겨울철엔 물을 줄이고 비료를 주지 않는다.
4. 계절에 관계없이 오래된 꽃대는 잘라 버리는 것이 좋고, 매년 봄 분갈이를 해 준다.

특 징
1. 순백색의 불염포가 특징인 스파티필룸은 대표적인 관엽식물이다.
2. 알코올, 아세톤, 트리클로로에틸렌, 벤젠, 포름알데히드 등의 오염물질 냄새 제거 기능이 뛰어난 대표적인 공기정화 식물이다.
3. 하얀색의 새 모양 꽃이 피며 생명력이 강해 꽃이 지고 다음 해 다시 꽃대가 올라온다. 비교적 쉽게 키울 수 있다.

비 료 봄에서 가을에 걸쳐 2주에 한 번씩 관엽용 복합비료를 준다.

병충해 응애, 깍지벌레

번 식 포기나누기, 조직배양, 씨뿌리기

안스리움 [천남성과]

장 소 반양지

온 도 18~24℃

물주기 화분의 흙이 말랐을 때 물을 준다.

관 리
1. 높은 공중습도를 좋아하지만 잎에 직접적으로 분무할 경우 갈색 얼룩이 생길 수 있으므로 주의한다.
2. 가끔 미지근한 물에 적신 천이나 스펀지로 잎을 닦아 준다.

특 징
1. 열대 원산의 식물로 고온다습한 환경을 좋아해 환경만 잘 맞춰주면 아름다운 불염포를 오래 감상 할 수 있다.
2. 불염포가 흰색뿐인 스파티필룸과 달리 흰색, 빨간색, 분홍색, 산호색 등 다양한 색이 있다.
3. 사무실의 팩스, 복사기 등에서 발생하는 암모니아나 접착제 타일, 커튼 등에서 발생하는 키실렌 및 톨루엔의 제거 기능이 뛰어난 공기정화 식물이다.

비 료 봄에서 가을에 걸쳐 한 달에 한 번 관엽용 복합비료를 준다.

병충해 응애, 진딧물, 깍지벌레, 잿빛곰팡이병

번 식 포기나누기, 휘묻이, 씨뿌리기

식물 분갈이

분갈이

　오랫동안 분갈이를 하지 않은 식물은 화분의 통풍이 나쁘고 물이 고여 잘 흘러내리지 않아 뿌리가 썩기 때문에 식물의 생장을 저해하거나 죽게 할 수도 있다. 따라서 일정 기간이 되면 분갈이를 하여 식물이 잘 자랄 수 있게 해야 한다. 큰 화분에 식물을 심으면 자주 분갈이를 해 줄 필요도 없고 뿌리가 더 잘 뻗어 식물이 더 잘 자랄 수 있을 것이라고 생각하기 쉬우나 실제는 그 반대이다. 처음부터 너무 큰 화분에 식물을 심는 것보다 다소 작은 듯한 화분에 심어 뿌리가 화분에 가득차면 옮겨 심는 것이 좋다.

　분갈이하는 시기는 식물마다 조금씩 다르지만 생장이 빠른 관엽식물이나 꽃이 피는 화초는 일반적으로 일년에 한 번 정도 분갈이를 해 주는 것이 좋다. 크기가 큰 관엽식물이나 생장이 느린 선인장 및 다육식물은 2~3년마다 한 번씩, 난은 화분에 뿌리가 가득 찼을 때 분갈이를 해 주도록 한다.

　분갈이는 대부분의 식물들이 새로운 생장을 시작하는 이른 봄에 하는 것이 좋지만 물을 준 후 화분의 흙이 너무 빨리 마른다거나, 화분의 크기에 비해 식물이 지나치게 크다거나, 식물의 잎이 누렇게 변한다거나, 낙엽이 진다면 뿌리를 위한 공간이 충분치 못하다는 뜻이므로 새로 분갈이를 해 주는 것이 좋다.

분갈이용 화분 준비

　토분은 분갈이 전에 물에 흠뻑 불려서 수분을 충분히 흡수 되도록 하는 것이 좋다. 건조한 토기분을 그대로 사용하면 화분 흙의 수분을 빨아들여 식물에 필요한 수분까지 가져갈 수 있기 때문이다. 준비한 화분의 $\frac{1}{5}$ 정도는 깨진 분이나 굵은 모래 등을 넣어 배수를 원활하게 한다.

　또 화분 밑구멍으로 민달팽이나 깍지벌레 등이 들어갈 수도 있으므로 망사 등으로 덮어주는 것을 잊지 말아야 한다.

🌼 뿌리의 처리

보통은 뿌리를 헤쳐 정리한 후 옮겨 심지만, 포트를 옮겨심기 할 때는 그대로 포트에서 빼내어 뿌리째 옮겨 심는다. 뿌리 중에 간혹 흙과 함께 경단처럼 둥글둥글 뭉쳐있는 경우가 있는데 이는 가볍게 털어 내거나 물로 가볍게 씻어 낸 후 옮겨 심는다. 또, 이끼로 뿌리를 감싼 것은 반드시 이끼를 제거한 후 심도록 한다.

🌼 옮겨심기

너무 깊이 심겨지지 않게, 물이 고이는 분량을 감안하여 흙은 8할 정도로 넣는다. 식물을 새로이 심을 때는 묘나 포기의 밑뿌리를 세게 누르지 않도록 하며, 물을 주어 흙이 자리를 잡도록 한다. 분갈이 후 물을 준 다음에는 흙이 마를 때까지 다시 물을 주면 안 된다. 식물이 싱싱해 보이지 않는다고 해서 너무 자주 물을 주게 되면 뿌리가 썩을 수 있다. 만약 분갈이 후 식물이 몸살을 앓는다면 3~4일 정도 바람이 적은 그늘에 두고 회복시켜 주도록 한다.

❶ 뿌리가 상하지 않도록 식물을 빼낸다.
❷ 준비한 화분에 그대로 옮겨 심는다.
❸ 영양분이 고루 섞인 흙을 채워 준다.
❹ 빈 공간이 생기지 않도록 꾹꾹 눌러 준다.

| 알아두면 좋아요 |

시들지 않은 잎이 떨어진다면?
　화분 안에 뿌리가 가득차서 잎까지 영양분이 미치지 못한 경우이거나, 물이 부족한 경우이다. 첫 번째 이유라면 새 화분으로 분갈이를 해 주면 되고, 물이 부족한 경우에는 줄기가 살아 있다면 충분한 수분 공급만 되면 다시 새 잎이 나온다.

🌱 뿌리가 화분에 가득 찼을 때 분갈이하기

재료 : 분갈이할 식물, 옮겨 심을 화분, 배양토, 모종삽, 망치, 분무기

분갈이하기

① 망치를 이용하여 뿌리가 상하지 않도록 기존의 화분을 조심스럽게 두드려 깬다.
② 엉겨 붙어 있는 화분 조각을 조심스레 떼어낸다.
③ 화분에 식물을 옮겨 심고 흙을 덮은 후 살짝 눌러준다.
④ 충분한 양의 물을 준다.

🌱 허브식물 분갈이하기

재료 : 분갈이할 허브, 옮겨 심을 화분, 마사토, 배양토, 모종삽

분갈이하기

① 흙이 빠져나가지 않도록 화분 아래 구멍에 망을 깔고 원활한 배수를 위해 마사를 먼저 깔아 준다.
② 마사를 깐 위에 배양토를 $\frac{1}{3}$ 정도 채운다.
③ 허브를 옮겨 심는다.
④ 흙을 골고루 채우고 빈 공간이 없도록 눌러 준다.

폴리샤스 분갈이하기

재료 : 분갈이할 식물, 옮겨 심을 화분, 배양토, 모종삽, 망치, 분무기

분갈이하기

① 화분을 돌려가며 굳어진 흙을 분리시킨다.
② 뿌리가 흔들리지 않도록 조심스레 분리시킨다.
③ 준비된 화분에 그대로 옮겨 심는다.
④ 배양토로 채운다.

폴리샤스는 뿌리가 실보다 가늘어 매우 약하며 심하게 스트레스를 받는 식물이기 때문에 가정에서 키우면 실패하는 경우가 많다. 그러나 잎이 잘 나오는 장점이 있다. 뿌리가 흔들리지 않도록 끈으로 줄기를 잘 고정시킨다.

| 알아두면 좋아요 |

난 종류의 분갈이

서양란과 동양란은 분갈이하는 흙의 종류가 다른데, 보통 서양란은 소나무 껍질이나 수태 등에 심고 동양란은 난석으로 심는다.

난석의 굵기는 세 종류가 있는데, 가늘고 긴 난초 화분의 특징을 고려해서 배수성과 건조속도를 맞추기 위해 건조가 느린 화분의 아래쪽은 굵은 입자를 사용해 물빠짐을 좋게 하고, 화분의 위쪽은 상대적으로 작은 입자를 사용해 균형을 맞춘다. 분갈이는 2~3년 주기가 좋으며, 큰 화분에 여러 포기로 자라는 것은 3년마다 해 주면 좋다. 포기나누기를 할 때는 2~3일 정도 물을 말려 소독된 가위나 칼을 이용하여 포기를 나눠 준다. 분갈이 후에는 강한 직사광선과 강한 바람을 피하며, 충분한 물을 주어 식물을 쉬게 하는 것이 좋다.

동양란 분갈이하기

재료 : 동양란, 난석(대ㆍ중ㆍ소), 꽃삽, 나무젓가락, 전정가위

분갈이하기

❶ 화분을 뒤집은 채 살살 흔들어가며 난석을 빼낸다.
❷ 난이 상하지 않게 난의 중간과 뿌리 부분을 잡고 뽑아낸다.
❸ 뿌리의 썩은 부분은 전정가위로 잘 다듬어 준다.
❹ 세 가지 크기의 난석을 큰 난석부터 $\frac{1}{3}$씩 화분에 채워 넣는다.
❺ 난석이 골고루 잘 들어가도록 나무젓가락으로 잘 다독여 준다.
❻ 세숫대야에 담가 물을 충분히 주고 위 아래로 여러 번 들었다 놓았다 한다.

Question / Answer

Q1 분갈이에 사용하는 흙을 마사는 따로 구입하고 배양토는 밭흙을 그대로 사용해도 괜찮은가?

A 밭흙의 경우 실외에서는 문제가 되지 않으나, 실내 화분에 사용할 경우 문제가 발생한다. 일단 다른 용토에 비해 무게가 나가고 시간이 지날수록 점점 흙이 다져져 물빠짐이 나빠진다. 때문에 뿌리가 고루 발달하지 못한다. 밭흙과 마사를 섞어 사용하더라도 이런 현상은 나타난다. 가능하면 식물 심기용 배양토를 구입하여 사용하는 것이 좋고, 필요한 흙의 양이 많을 경우엔 밭흙과 구입한 흙을 반씩 섞어 사용하도록 한다.

Q2 마사 사용 시 순서는?

A 마사를 사용하는 것은 화분 아래에 깔아 배수를 원활하게 하는 것이 목적이다. 새로 옮겨 심을 화분의 크기가 그렇게 크지 않다면 마사만 따로 화분 아래쪽에 깔 필요는 없다. 화분 위쪽에 마사를 사용하는 것은 흙이 떠오르는 것을 막고 깨끗하게 보이기 위한 미관상의 목적을 가지고 있는 것이다. 하지만 이런 현상은 시간이 지남에 따라 차츰 나아지는 것이므로 굳이 마사를 따로 덮어주지 않아도 된다. 마사는 사용할 흙과 함께 섞어 쓰는 것이 제일 좋다.

Q3 마사의 적정 사용량은?

A 식물에 따라 다르기는 하지만 대체적으로 20~40% 정도 섞어서 사용하면 된다. 건조하게 길러야 하는 식물이나 다육 종류는 50% 정도 섞어 사용하기도 하지만 일반 식물에서는 그렇게 하지 않는다. 마사는 물빠짐을 좋게 하는 것이 주된 목적이므로 상토의 물빠짐에 문제가 없다면 굳이 마사를 섞을 필요는 없으며, 마사 대신에 입자가 굵은 펄라이트를 사용해도 된다. 또한 마사에는 진흙이 묻어 있어 물을 줄수록 진흙이 점점 내려와 돌처럼 굳어 오히려 물빠짐을 방해하고 뿌리의 성장도 저해하게 된다. 때문에 마사를 사용할 때는 반드시 물로 한 번 헹군 후 사용하는 것이 좋다.

🌱 분갈이할 때 갖춰야 할 기본 재료

색 돌 화분 분갈이 후 흙 위를 덮는 것으로, 보다 깨끗하게 보이기 위해 쓰는 것이다.

난 석 미세한 구멍들이 많아 공기의 흐름이 원활한 흙 종류로, 동양란의 분갈이나 화분의 배수층으로 주로 이용한다.

마 사 작은 알갱이로 되어 있는 흙으로, 주로 다육식물을 심을 때 많이 사용하며, 일반식물의 경우 분갈이 후 위쪽에 사용하기도 한다.

가 위 잎이나 줄기를 자르는데 사용한다.

꽃 삽 분갈이할 때 흙을 뜨는 작은 삽이다.

분 무 기 식물의 잎에 물을 주는데 사용한다.

광 택 제 식물의 잎에 윤기를 내는데 사용하는 것으로, 일시적으로 잠깐 사용한다.

전정가위 시든 가지를 잘라낼 때나 웃자람이 있는 식물을 가지 칠 때 사용하는 것이다.

모 종 삽 분갈이용으로, 흙을 사용할 때 필요하다.

배 양 토 여러 가지 복합적인 영양분이 골고루 섞인 흙으로, 분갈이할 때 식물에 적합한 흙이다.

분갈이용 화분 식물을 집안의 인테리어 소품으로도 활용할 수 있도록 다양한 크기와 색, 디자인의 화분이 많이 있다. 분갈이를 할 때는 식물의 특성이나 형태에 맞게 화분을 선택해서 분갈이를 해 준다.

장식용 돌

분갈이용 흙 종류

분갈이에 필요한 도구   분갈이용 화분

분갈이 후 식물 관리 방법

관엽식물 관리하기

관엽식물을 포함한 수생식물, 물을 좋아하는 초화류, 허브 등의 식물 종류는 분갈이 후 바로 물을 준다. 이들 식물은 물에 대한 민감성이 없어 분갈이를 하면서 손실된 막대한 수분을 보충해 주어야 뿌리의 활착이 잘 이루어진다. 하지만 분갈이 후 너무 밝은 햇빛 아래 식물을 두는 것은 피해야 한다.

아무리 빛을 좋아하는 관엽식물이라 하더라도 분갈이 후엔 뿌리가 활착할 시간이 필요하다. 뿌리가 제대로 활착되어야만 흙속에 있는 양분과 수분을 흡수하고 광합성에 의해 만들어진 유기물을 원활히 활용할 수 있게 되는 것이다. 관엽식물은 분갈이하고 나서는 간접광이 비추고 통풍이 잘 되는 곳에 두고 어느 정도 적응시킨 후 밝은 장소로 옮기도록 한다.

다육식물 관리하기

다육식물을 분갈이할 때 보통 일주일에서 열흘 정도 후부터 물 관리에 들어가라는 얘기가 있는데 이는 열흘 후부터 무조건 물을 줘야 한다는 의미는 아니다. 만약 시간이 지나도 다육식물이 물을 필요로 하지 않는다면 굳이 물을 줄 필요는 없다. 분갈이 후 중요한 것은 언제 물을 주느냐보다 분갈이에 얼마나 적응했느냐 하는 것이다.

| 알아두면 좋아요 |

배합토 만드는 방법 1
기본적인 배합 방법으로 화초에 따라 개량 용토를 증감하도록 한다.
1. 마사를 기본으로 하고 부엽토와 강모래를 6:3:1의 비율로 준비한다.
2. 마사를 잘게 부순 입자를 체를 이용하여 흙 입자 크기로 골라 준다.
3. 부엽토를 체의 그물에 문질러 같은 크기로 부순다.
4. 기본 용토에 부엽토나 강모래를 첨가하여 균일하게 섞어 준다.

배합토 만드는 방법 2
산성토에 잘 자라는 종류이지만 다습에 약한 종류에 적합하다.
1. 난석과 피트모스를 준비한다.
2. 난석은 가루를 제거한 후 일반 토양과 같은 입자를 골라낸다.
3. 큰 입자는 큰 포기용, 작은 입자는 작은 포기를 심을 때 사용한다.
4. 난석과 피트모스를 7:3으로 배합한다.
5. 모종을 심은 후 충분히 물을 준다.

선인장이나 다육식물은 분갈이 후 뿌리가 새로운 환경에 제대로 적응한 다음 물을 주어야 하는데, 이 적응에 필요한 기간이 정해진 것이 아니다. 어떤 종류는 일주일 안에 뿌리가 활착할 수도 있고, 어떤 종류는 열흘 이상 걸리기도 한다. 때문에 열흘 이상 시간이 지나도 잎이 쪼그라들지 않는다면 굳이 물을 줄 필요가 없다.

어떤 식물이든 분갈이는 엄청난 스트레스이다. 분갈이로 일차적인 스트레스를 받은 식물에게 바로 물을 주는 것은 또 다른 스트레스를 더하는 것 밖에 안 된다. 분갈이 후 바로 물을 주어도 괜찮은 다육류가 있긴 하지만 거의 대부분의 경우는 분갈이 후 바로 물을 주지 않는 것이 분갈이 후유증을 줄이고 새로운 환경에 대한 뿌리의 적응력을 높이는 것이다. 또 이것은 분갈이 후 상처난 부분이 아물어 세균 감염이 없도록 하기 위함이기도 하다.

다육류는 분갈이하고 나서 직광은 아니라도 빛이 잘 드는 곳에 당분간 그대로 두도록 한다.

번식

기르고 있던 식물의 모양이 흐트러졌거나 오래되어 힘이 없어졌을 경우, 새로운 개체들을 만들고 싶을 때 번식을 생각하게 된다. 번식의 방법에는 식물의 종류에 따라 씨뿌리기, 꺾꽂이, 포기나누기, 휘묻이 등의 방법이 있다.

사진에서 처럼 종자를 번식시켜 뿌리를 어느 정도 자라게 해 준 다음, 싹이 올라오면 작은 포트에 옮겨 심어 준다. 종자 번식을 할 때는 따뜻하고 그늘진 곳에 두며 신문지나 물기를 적신 가벼운 헝겊으로 살짝 덮어 주면 좋다. 온도도 일정하게 유지시켜 고온다습하게 해 준다.

씨뿌리기(=종자 번식법)

식물의 번식 중 가장 기본적인 방법으로, 씨를 생산하는 식물도 있으나 대부분의 종자들을 따로 구입할 수 있다. 식물의 종류에 따라 종자의 수명은 다른데 1년에서부터 2~3년 정도 되는 것도 있다. 봄에 파종하는 식물은 가을 결실기에 씨를 받고, 가을에 파종하는 식물은 여름에 씨를 받는다.

씨를 받은 후에는 종류별로 구분하여 잘 밀봉한 다음 벌레의 피해가 없는 서늘하고 건조한 장소에 보관하도록 한다.

파종하는 시기가 다른 것은 식물에 따라 싹이 트고 자라는데 필요한 온도 차이와 개화에 필요한 빛을 받아야 하는 기간에 차이가 나기 때문이다.

봄에 씨를 뿌리는 종류는 서리의 피해가 없어진 3월에서 5월 사이에, 가을에 씨를 뿌리는 종류는 8월에서 10월 사이에 뿌린다. 씨를 뿌린 후 대개 일주일 전후로 싹이 트기 시작하는데, 싹이 빨리 트는 종류는 파종 후 3~4일 후부터, 싹이 늦게 트는 종류는 파종 후 20일에서 40일 정도가 걸린다.

씨를 뿌린 후에는 가장 먼저 물을 줘야 한다. 물 관리가 어려울 경우에는 파종상자 위에 유리나 비닐을 덮어주면 용토의 습기 보존에 도움이 된다. 이 비닐은 싹이 튼 후 바로 제거해 준다. 싹이 트면 햇빛에 차츰 적응시키는 과정이 필요하다. 계속 반그늘에서 키우면 웃자람이 생기고, 갑자기 강한 빛을 쪼이면 잎이 타들어가므로 주의한다.

꺾꽂이

인위적인 식물 번식 방법의 하나로, 식물의 생식에 관여하지 않는 영양기관을 이용하여 번식하기 때문에 무성생식, 특히 영양생식에 속한다. 식물은 모든 세포에서 다시 식물을 재현할 수 있는 능력인 전분화 기능이 있기 때문에 이러한 꺾꽂이 방법을 할 수 있다. 꺾꽂이는 짧은 기간 안에 꽃을 피우는 개화주를 만들어 낼 수 있는 장점이 있으며, 꺾꽂이의 종류에는 줄기꽂이, 잎꽂이, 뿌리꽂이 등이 있다.

■ 줄기꽂이

식물의 줄기나 가지 일부분을 잘라 용토에 꽂아 뿌리를 내리는 방법으로, 이용되는 부분에 따라 눈꽂이 · 녹지삽 · 숙지삽 등의 방법이 있다. 눈꽂이는 생장점을 포함한 부분을 7~8cm 정도 잘라 사용하는 가장 일반적인 방법이고, 숙지삽은 완전하게 성숙한 전년의 가지를 10~15cm 길이로 잘라 사용하는 것으로서 대부분 실내 관엽식물을 번식하는데 사용하는 방법이다. 녹지삽은 그해에 자라난 가지 또는 줄기가 약간 녹색에서 갈색으로 목질화 되어 가는 시기에 이 부분을 잘라 사용하는 방법이다.

■ 잎꽂이

잎을 떼어내어 새로운 식물체를 만들어 내는 방법으로, 식물의 종류에 따라 방법이 약간씩 차이가 있다.

■ 뿌리꽂이

땅속 줄기 또는 굵은 뿌리를 적당한 길이로 토막낸 다음 흙 속에 묻어 새로운 개체를 만들어 내는 방법이다.

꺾꽂이는 관상용이지만, 식용으로 사용하고 싶은 식물에서 일정한 유전형질을 계속 이용하고 싶거나 특정 체세포 돌연변이를 번식시키고 싶을 때 혹은 씨앗을 이용해 키우는데 많은 노력과 시간이 들어가는 경우에 이용한다. 꺾꽂이를 하는 시기는 식물의 모체가 성장하는 시기인 봄이나 초여름이 적당하다. 나무 종류는 10~15cm 정도, 화초류는 5~10cm 정도 잘라 사용하도록 한다. 절단 부위를 수직으로 잘라 줄기를 물에 담가 물을 올린 후 꽂아주는 것이 좋으며 꽂힐 부분의 꽃봉오리와 잎새는 모두 따내야 한다. 꺾꽂이를 한 후에는 강한 직사광선은 발 등을 이용하여 가려 주는 것이 좋고, 실온과 비슷한 온도의 물을 주어 식물에 충격이 가지 않도록 한다.

포기나누기

대부분의 식물은 덩어리를 형성하는데 이 덩어리를 나누어 번식에 이용하는 것이 포기나누기 방법이다. 포기나누기는 여름에서 가을에 꽃을 피우는 식물과 열대·아열대산 식물은 봄에, 봄에 꽃을 피우는 식물은 가을에 포기나누기를 한다. 포기나누기는 물을 주고 난 후 화분에서 식물을 꺼내어 덩어리를 부드럽게 분리한 후 손이나 칼을 이용하는데, 잘려진 상처 부위가 썩지 않도록 석회 등을 발라 심어주는 것이 좋다.

휘묻이

꺾꽂이로 뿌리를 내리기 어려운 종류를 번식시키는 방법으로, 식물의 가지를 따로 잘라내지 않는 상태에서 뿌리를 내어 번식시키는 방법이다. 원래의 나무와 동일한 나무를 빠르게 얻어낼 수 있다는 장점이 있는 반면, 한 번에 많은 양의 작물을 얻어낼 수 없는 단점이 있다.

휘묻이 방법에는 저취법과 고취법의 두 가지 경우가 있다. 저취법은 가지가 휘는 성질이 있는 식물의 가지를 택해 껍질을 벗겨 낸 후 땅에 묻는 방법으로 휘묻이의 본 뜻과 거의 일치한다. 고취법은 나무의 가지에서 껍질을 벗겨낸 후 물이끼 등으로 감싸 습기가 빠져나가지 않도록 하면 벗겨진 부분에 영양분이 모여 뿌리가 나는데, 이후 뿌리가 난 부분을 흙에 심는 방법이다.

| 알아두면 좋아요 |

분갈이하는 시기
1. 식물이 화분에 비해 지나치게 커졌을 때 반드시 분갈이를 한다.
2. 배수가 원활히 이루어지지 않는다거나 풀이나 나무의 아랫잎이 누렇게 변하면 낙엽 질 때 분갈이를 해 주어야 한다.
3. 4~5월쯤 식물이 활발하게 생장하는 시기에 분갈이를 한다.

포기나누기하는 방법과 물주는 방법

1. 나비난초 포기나누기

잎을 솎을 때 큰 가위를 사용하면 주변 다른 잎까지 상하게 할 우려가 있으므로 작은 가위로 신중하게 하는 것이 좋다.

❶ 시들거나 상한 잎을 먼저 잘라낸다.

❷ 번식에 이용할 부분을 잘라준다.

❸ 잎이 너무 무성 할 때는 중간 중간 잎을 솎아낸다

2. 다육식물 포기나누기

❶ 뿌리가 다치지 않도록 조심하여 분리한다.

❷ 엉켜있는 부분은 손가락을 이용하여 조심스럽게 잘라낸다.

❸ 분리한 식물을 옮겨 심는다.

3. 다육식물 종류별 물주기

- 3~4일에 한 번 : 꽃기린, 녹비단 등 물을 아주 좋아하는 다육식물
- 1주일에 한 번 : 벽어연, 아악무, 은행목, 사랑무, 호접무금, 러브체인, 불사조 등 물을 좋아하는 다육식물
- 2주일에 한 번 : 염좌, 자만도, 무을녀, 성을녀, 칠복수, 채운각, 도리스테일러, 미니알로에, 금접, 와룡목, 복랑, 부영, 역변경초, 비올라시, 기천, 당인, 월토이, 리차이, 호야캐리, 와송, 바위솔 등
- 1달에 한 번 : 사해파, 수, 은파금, 옵투샤, 송설, 산세비에리아, 경파, 자보, 황금사, 사막의 장미, 장군 등

🦋 다른나라 식물 키우기

1. 열대우림·산림 기후

- **기후 특성** : 적도 바로 아래 지역과 무역풍대에서 나타나는 기후대로 기온의 일교차가 매우 크고, 계절 보다는 장소와 빛에 따른 강수량의 변동이 큰 것이 특징이다. 태양에서 얻을 수 있는 빛이나 열에 의한 혜택과 강수량이 풍부하고 물도 풍족한 편으로 다양한 수종의 식물이 많아 유용한 식물도 많으나 개발에 필요한 경제성은 미약한 편이다.
- **식물 특성** : 사계절의 뚜렷한 구분 없이 늘 습하고 더운 편으로, 빛 또한 풍부해 많은 식물들이 활발하게 자란다. 더 많은 빛을 받기 위한 경쟁으로 인해 줄기는 굵지 않으면서 상층부에서 가지를 넓게 벌리는 형태가 많다. 하지만 숲 아래는 햇빛도 잘 들지 않고 바람도 잘 통하지 않아 양치류나 이끼 종류들이 주로 자란다.
- **식물 기르기** : 1년 내내 밝거나 약간 그늘진 장소에서 고온 다습한 환경을 유지해 기르도록한다.
- **식물 종류** : 필로덴드론, 몬스테라, 고무나무, 마란타, 난초류, 양치류, 칼랑코에

2. 사막 기후

- **기후 특성** : 평균 강우량이 250mm 미만인 곳으로, 대개 더우면서 건조한 기후 특성을 나타내나 간혹 한랭한 사막도 있다. 낮과 밤의 기온차가 심하고 매우 건조하며, 사막토의 특성상 몇 가지 식물을 제외하고는 식물이 자라기에 적합하지 않은 편이다.
- **식물 특성** : 고온 건조한 사막 기후에서는 일반적인 식물은 자랄 수가 없다. 사막 기후에서도 자라는 선인장류나 다육식물류는 줄기나 잎에 수분을 오래 보존할 수 있도록 되어 있어 보통의 식물처럼 자주 물을 주면 뿌리가 썩어 죽는다.
- **식물 기르기** : 이 지역의 식물은 햇빛이 잘 드는 곳에서 조금 건조하게 관리해야 한다. 물을 줄 때도 분무기를 사용하지 말고 조금씩 물을 부어 주도록 한다. 또, 휴면기를 잘 지켜야 오래 식물을 키울 수 있다.
- **식물 종류** : 각종 선인장류, 알로에, 꽃기린, 뮤카르네아, 크라슐라, 유카 등의 다육류

산호수 [자금우과]

장　소	반양지, 반음지
온　도	13~25℃
물주기	흙이 마르면 준다.

관　리
1. 물을 좋아하는 식물이므로 물을 줄 때는 듬뿍 주고, 자주 분무를 해 습도를 유지시켜 준다.
2. 물이 부족하면 잎의 광택이 사라지고 잎 끝이 갈색으로 시들면서 떨어진다.
3. 한 번 물 말림 현상이 발생하면 회복하는데 시간이 많이 소요되므로 주의한다.

재료 산호수, 옮겨 심을 화분, 배양토, 모종삽, 분무기

특　징
1. 척박한 토양에서도 비교적 잘 견디며 내염성이 강해 해안가에서 잘 자란다.
2. 잎의 모양이 독특하고 포복성을 지녀 옆으로 넓게 뻗어 나가므로 지피식물로 사용하기에 좋다.
3. 탄소 동화 작용이 뛰어나 주방에서 배출되는 일산화탄소 제거능력이 뛰어난 공기정화 식물이다.
4. 6월에 흰색의 꽃이 피며 9월이 되면 붉은 열매가 열린다. 타박상이나 류머티즘에 약용으로 사용하기도 한다.

비　료	봄에서 가을에 걸쳐 2주에 한 번 관엽용 복합비료를 준다.
병충해	응애, 깍지벌레, 진딧물, 쥐똥나무벌레
번　식	포기나누기, 꺾꽂이

  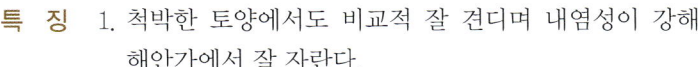

1 아랫부분을 잡고 조심스럽게 화분에서 꺼낸다.　**2** 순서대로 새 화분에 옮겨 심는다.　**3** 모자란 흙은 보충해 준다.

인도고무나무 [뽕나무과]

장 소 반양지, 반음지
온 도 16~27℃
물주기 흙이 말랐을 때 물을 준다.
관 리
1. 실내 공기가 건조하면 하루에 1~2회 정도 잎면에 분무해 싱싱한 외관을 유지한다.
2. 여름철 물주기 후 잎에 물방울이 묻은 채 빛을 받으면 잎에 손상이 간다.
3. 여름철 실외에서 직사광선을 쬐어주면 마디 사이가 짧고 광택이 나며 아름답고 품위가 있어 보인다.
4. 분갈이 시 지나치게 흙을 많이 털어내면 후유증을 앓을 수 있으며, 분갈이 후에는 바람이 불지 않는 반그늘에서 일주일 정도 적응시키도록 한다.

재료 인도고무나무, 옮겨 심을 화분, 모종삽, 배양토

특 징
1. 카펫이나 벽지 등에서 나오는 유독 가스를 흡수하고 머리를 맑게 하는 공기정화 식물로 잎이 넓어 광합성과 공기정화 작용이 뛰어나다.
2. 잎의 광택이 멋진 식물로 고온다습한 환경을 좋아해 여름철에 특히 잘 자라며, 3m 내외까지 자란다.
3. 빅토리아 왕조 때부터 사랑 받아온 대표적인 공기정화 식물로 현재 강건한 식물체로 많이 개량되어 비교적 관리하기가 쉽다.

비 료 한 달에 한 번 관엽용 복합비료를 준다.
병충해 깍지벌레, 응애
번 식 꺾꽂이, 휘묻이

1 뿌리가 다치지 않도록 화분을 기울여 빼낸다.

2 분갈이 화분에 그대로 심는다.

프밀라고무나무 [뽕나무과]

- **장 소** 반양지
- **온 도** 8℃ 이상
- **물주기** 표면의 흙이 말랐을 때 준다.
- **관 리**
  1. 잎 위에 먼지가 많이 있으면 흐르는 물로 깨끗이 씻어 주고, 어수선하게 길게 자란 잎은 짧게 잘라내어 새 잎을 받는다.
  2. 통풍이 잘되는 밝은 장소에서 잘 자라는데, 강한 직사광선에 오래 노출되면 반점이 생기며 타버릴 수 있으므로 주의한다. 반면 빛이 너무 부족하면 줄기와 잎이 여리게 웃자라고 병충해가 발생할 수 있다.
  3. 물말림 현상이 나타나면 잎이 쭈글쭈글해지며 말라버리는데, 물을 흠뻑 주거나 물통에 얼마간 담가 놓으면 원래 상태로 돌아온다.
- **특 징**
  1. 가는 줄기가 뻗어나가는 특성을 가지고 있지만 고무나무 품종이다.
  2. 우리나라 남부, 일본, 대만, 호주 등이 자생지로 바위나 나무 등 다른 물체를 감고 자라는 덩굴성 식물이다.
  3. 10m 정도까지 자라는데 가정에서는 고목 등에 붙여 기르면 색다른 아름다움을 얻을 수 있다.
- **비 료** 5~9월에 두 달에 한번 관엽용 복합비료를 준다.
- **병충해** 깍지벌레, 응애
- **번 식** 꺾꽂이

재료 프밀라고무나무, 옮겨 심을 화분, 모종삽, 배양토, 분무기

1 뿌리가 다치지 않도록 조심하여 화분에서 빼낸다.

2 흙을 털어내고 그대로 옮겨 심는다.

3 빈 공간이 없도록 흙으로 골고루 채운다.

벤자민고무나무 [뽕나무과]

장 소 양지, 반양지
온 도 16~27℃
물 기 표면의 흙이 완전히 말랐을 때 준다.
관 리
1. 실내에 있는 화분은 건조가 늦으므로 물을 많이 주지 않으며 10월 부터는 물 주는 횟수를 줄여 잎이 떨어지지 않을 정도로만 관리한다.
2. 생장기에 충분한 빛을 받지 못하면 연약하게 자란다.
3. 실내 공기가 건조할 때는 매일 1~2회 정도 잎 표면에 분무해 싱싱한 외관을 유지한다.
4. 분갈이 시 지나치게 흙을 많이 털어내면 분갈이 후유증을 앓을 수 있으므로 주의하고 분갈이 후에는 바람이 불지 않는 반그늘에서 일주일 정도 적응시킨다.

재료 벤자민고무나무, 옮겨 심을 화분, 배양토, 모종삽, 분무기

특 징
1. 광택이 나는 작은 잎이 빽빽하게 자라는 고무나무 종류로 새순을 따내 다양한 수형으로 재배할 수 있다.
2. 잎은 타원형으로 반짝이는 진녹색이고 가지가 아래로 늘어지며 키가 큰 편이다.
3. 잎의 색과 크기, 식물의 크기에 따라 다양한 품종이 있는데 어떤 품종은 식용이 가능한 빨간 열매를 맺기도 한다.

비 료 5~9월에 두 달에 한 번 관엽용 복합비료를 준다.
병충해 깍지벌레, 응애
번 식 꺾꽂이, 접붙이기

1 흙이 유실되어 뿌리가 상하지 않도록 조심스럽게 빼낸다.

2 흙이 골고루 꽉 차도록 채워준다.

벵갈고무나무 [뽕나무과]

재료 벵갈고무나무, 옮겨 심을 화분, 배양토, 모종삽, 분무기

장　소　반양지, 반음지
온　도　16~27℃
물주기　표면의 흙이 말랐을 때 준다.
관　리
1. 고무나무 종은 빛을 좋아하므로 실내에서 키울 경우 통풍이 좋고 햇빛을 잘 받을 수 있는 장소에 둔다.
2. 고온다습한 환경을 좋아하지만 지나친 물말림과 과습은 피해야 한다.
3. 열대 원산의 식물이라 추위에 약하므로 온도 관리에 신경 써야 한다.
4. 여름철 간혹 실외에서 직사광선을 쬐어 주면 마디 사이가 짧고 광택이 나며 아름답고 품위 있게 자란다.

특　징
1. 고무나무 중에서 가장 성장 속도가 빠른 편으로 야생에서는 30m까지 자라며 뿌리와 줄기가 엉키기 때문에 한 그루의 나무가 수풀을 이룬 것처럼 보인다.
2. 열매는 식용 가능하며, 잎은 인도 등지에서는 접시 대용이나 코끼리의 사료로 쓰인다.
3. 포름알데히드 제거력과 미세먼지 흡착력이 뛰어나 실내 환경 정화 식물로 두기 좋다.
4. 빳빳하고 큼직한 잎이 규칙적으로 나 있어 깔끔한 분위기를 풍긴다.

비　료　봄에서 가을에 걸쳐 2주에 한 번 관엽용 복합비료를 준다.
병충해　쥐똥나무벌레, 깍지벌레, 잿빛곰팡이병
번　식　꺾꽂이

1 뿌리가 다치지 않도록 조심하며 화분을 기울여 식물을 빼낸다.

2 옮겨 심을 화분에 그대로 심는다.

3 손실된 흙을 채워 준다.

칼라고무나무 [뽕나무과]

장 소 양지, 반양지
온 도 25~30℃
물주기 겉흙이 마르면 충분히 물을 준다.
관 리
1. 실내에서 계속 키우게 되면 햇빛을 향하는 향일성 때문에 가지가 휘어질 수 있으므로 가끔 화분을 돌려주는 것이 좋다.
2. 가지치기는 그다지 필요하지 않으나 보기 좋은 수형을 위해 솎음질 정도만 해 준다.
3. 생장기에는 물을 충분히 주고, 10월 이후 부터는 서서히 줄여 겨울철 휴면기에는 건조하게 관리한다.
4. 가끔 분무와 함께 잎을 닦아주면 더욱 윤기 있고 싱그러운 잎을 감상할 수 있다.

특 징
1. 광택이 나고 시원스럽게 생긴 잎을 가진 식물로 어떤 장소에나 어울려 관엽식물의 대명사라고 할 수 있다.
2. 분화용으로 실내 감상이 주를 이루었으나 최근에는 꽃바구니나 화환의 베이스 소재까지 사용 범위가 넓어졌다.

비 료 두 달에 한 번 관엽용 복합비료를 준다.
병충해 쥐똥나무벌레, 깍지벌레, 잿빛곰팡이병
번 식 꺾꽂이, 공중 휘묻이

킹벤자민고무나무 [뽕나무과]

- **장 소** 양지, 반양지
- **온 도** 16~25℃
- **물주기** 표면의 흙이 완전히 말랐을 때 충분히 준다.
- **관 리**
  1. 다른 고무나무류와 마찬가지로 빛을 좋아하는데 장기간 빛을 보지 못하면 가지가 웃자라 잎이 떨어질 수 있다.
  2. 10월부터는 서서히 물 주는 횟수를 줄여 겨울철에는 잎이 떨어지지 않을 정도로 건조하게 관리한다.
  3. 빛의 변화에 민감한 편으로 갑작스러운 환경 변화는 피해야 하며 분갈이 시 지나치게 흙을 많이 털어내면 후유증이 있을 수 있으므로 바람이 불지 않는 반그늘에서 1주일 정도 적응시킨다.
- **특 징**
  1. 광택이 나는 작은 잎이 촘촘하게 나는 고무나무 품종으로 새순을 따내어 다양한 수형으로 재배할 수 있다.
  2. 일반 가정이나 대형 쇼핑센터, 공공건물의 로비 등지에서 자주 볼 수 있는 식물로 벤자민과 달리 잎이 크고 넓으며 가지가 길게 늘어지는 형태이다.
  3. 포름알데히드 제거 능력이 특히 우수하며 아황산, 아질산의 흡수 능력이 우수하다.
- **비 료** 5~9월에 두 달에 한 번 관엽용 복합비료를 준다.
- **병충해** 깍지벌레
- **번 식** 꺾꽂이

애니시다 [콩과]

장 소	양지
온 도	15℃ 내외
물주기	겉흙이 마르고 하루 뒤에 물을 준다.
관 리	1. 남부 유럽의 덥고 건조한 곳에서 주로 자라는 식물이기 때문에 배수가 잘 되어야 하고 비료를 많이 주면 안 된다. 2. 큰 화분에서 키울 때는 2~3년은 따로 분갈이를 해 주지 않고 위쪽 토양만 양분이 많은 새로운 토양으로 갈아 주면 된다. 3. 새로 나오는 가지는 계속 잘라 주어야 산만해지지 않는다. 자른 가지는 더 이상 새로 자라지 않는다. 4. 가끔 분무하는 것은 괜찮으나 잎과 꽃에 직접적으로 물이 닿으면 안 된다.
특 징	1. 양골담초, 금작화, 스카치브룸 등 다양한 이름으로 불린다. 2. 5월에 진하고 상큼한 레몬향의 꽃이 많이 피며 밤이 되면 잎을 오므리는 습성이 있다.
비 료	2달에 한 번 관엽용 복합비료를 준다.
병충해	쥐똥나무벌레, 깍지벌레, 거미응애
번 식	씨뿌리기, 꺾꽂이

셀레스 [사초과]

장 소	반양지
온 도	15℃ 이상
물주기	화분의 흙이 말랐을 때 물을 준다.
관 리	다소 고온다습하게 관리하며 매년 봄에 분갈이를 해 준다.
특 징	1. 다년생 초본식물로 잎은 위로 곧게 뻗으면서 녹색 빛의 두꺼운 잎을 가졌다. 2. 아래쪽의 엽초는 황갈색 또는 자줏빛이 도는 갈색이며, 윤기가 있고 그물 같은 섬유가 남는다. 3. 5~7월이면 꽃이 핀다. 위로 쭉쭉 뻗어 올라가는 생김이 여름철 시원한 느낌을 준다.
비 료	한 달에 한 번 관엽용 복합비료를 준다.
병충해	진딧물, 응애, 깍지벌레
번 식	포기나누기

크로톤 [대극과]

장 소	양지, 반양지
온 도	20~30℃
물주기	표면의 흙이 마르면 듬뿍 준다.
관 리	1. 빛이 충분하지 않으면 잎의 무늬색이 희미해진다. 2. 실내 공기가 건조한 경우 잎면에 자주 분무하거나, 젖은 천이나 스펀지로 싱싱한 외관을 유지해 준다. 3. 가을 이후에는 서서히 물을 줄였다가 겨울에는 다소 건조하게 관리한다. 4. 생장이 빠른 편이므로 2년에 한 번 5~8월에 분갈이를 해 준다.
특 징	1. 가죽 질감의 잎은 나선 형태로 말린다. 어린 잎은 녹색이지만 자라면서 점점 색이 변하여 반점 무늬가 생긴다. 2. 수많은 관엽식물 중 품종에 따라 잎의 모양과 색채가 변화무쌍하고 화려하다.
비 료	봄에서 가을에 걸쳐 2주에 한 번 관엽용 복합비료를 준다.
병충해	응애, 진딧물, 깍지벌레
번 식	꺾꽂이, 휘묻이

포인세티아 [대극과]

- **장 소** 양지, 반양지
- **온 도** 16~30℃
- **물주기** 표면의 흙이 마르기 시작할 때 준다.
- **관 리**
  1. 다른 관엽식물에 비해 건조에 약한 편으로 자주 흙을 살펴보고 물을 준다. 또, 양성식물이므로 빛이 잘 들어오는 곳에 두고 관리하는 것이 좋다.
  2. 겨울에 냉해를 입지 않도록 조심하고 통풍이 잘되지 않는 곳에 두면 잎이 벌어지므로 주의한다.
  3. 분갈이 시 흙을 너무 털어내지 않도록 조심한다. 흙을 너무 털어내고 옮겨 심으면 잎이 모두 떨어지는 경우가 발생한다.
  4. 잎에서 흰색 점액이 나오는데 피부나 눈에 염증을 일으킬 수 있으므로 조심하는 것이 좋으며, 꽃이 핀 후에는 그냥 버린다.
- **특 징**
  1. 실내에서도 꽃이 피는 기르기 좋은 장식성 관목으로 크리스마스에 특히 잘 어울린다.
  2. 꽃을 둘러싼 포엽이 인상적인 식물인데 포엽은 흰색, 연어색, 밝은 빨간색, 어두운 빨간색, 자주색 등이 있다.
- **비 료** 주지 않는다.
- **병충해** 쥐똥나무벌레, 온실가루이, 잿빛곰팡이병, 거미응애, 깍지벌레
- **번 식** 꺾꽂이

소철 [소철과]

장 소 양지, 반양지

온 도 12~20℃

물주기 표면의 흙이 말랐을 때 준다.

관 리
1. 습기에 약한 편이므로 생장기를 지난 겨울철에는 물 주는 횟수를 줄이고 주 1회 정도 미지근한 물로 분무한다.
2. 겨울철 서늘하게 기를 때는 토양을 다소 건조하게 유지한다.
3. 실외에 둘 때는 직사광보다는 그늘 쪽이 좋다. 장시간 빛에 노출되면 잎이 비정상적으로 커질 수 있다.
4. 3년에 한 번 분갈이를 해 준다.

특 징
1. 암그루와 수그루가 따로 있는데, 바람에 의해 수정하여 과실을 맺는다. 식물 중에는 유일하게 정충이 있고 과실이 달리는 등 고등식물과 비슷하다.
2. 야자과 식물은 아니지만 생김이 야자와 비슷하며, 소철은 생명력이 강하고 매우 천천히 자란다.
3. 전자파 분진 제거 기능이 뛰어난 공기 정화 식물이다.

비 료 봄에서 가을에 걸쳐 한 달에 한 번 관엽용 복합비료를 준다.

병충해 깍지벌레, 응애, 점무늬병

번 식 포기나누기, 꺾꽂이

피토니아 히포스테스 [쥐꼬리망초과]

장 소 반양지, 반음지
온 도 18~24℃
물주기 화분의 흙이 마르면 준다.
관 리 1. 꽃대가 올라오면 바짝 잘라 새순을 받는다.
2. 물을 좋아하지만, 과습에 주의한다.
3. 실내 공기가 건조할 경우 가끔 식물 잎면에 분무해서 싱싱한 외관 유지와 병충해 예방을 할 수 있다.

특 징 1. 이름의 '히포스테스'는 그리스어의 아래와 집의 합성어로, 포엽이 꽃받침을 감싸고 있는데서 지칭하는 것이다.
2. 다양한 컬러의 잎이 화려한 느낌을 주므로 조경박스나 미니화단을 꾸밀 때 포인트로 많이 사용한다.
3. 열대성 식물로 잎은 서로 마주보며 자라고, 잎의 모양이나 색은 종류마다 약간의 차이가 있다.
4. 위로 층층이 올라오는 화려한 꽃대가 아주 멋스럽다.

비 료 2주에 한 번 관엽용 복합비료를 준다.
병충해 진딧물, 쥐똥나무벌레
번 식 꺾꽂이

관음죽 [야자과]

재 료 관음죽, 옮겨 심을 화분, 배양토, 모종삽, 분무기

장 소 반음지

온 도 16~21℃

물주기 표면의 흙이 말랐을 때 물이 흐를 정도로 듬뿍 준다.

관 리
1. 실내 공기가 건조한 경우 하루에 1~2차례 정도 잎에 분무를 해 준다.
2. 건조한 환경을 싫어하지만 과습하면 뿌리가 상하기 쉬우며, 반대로 너무 건조하면 잎이 갈색으로 변한다.
3. 직사광에 노출되면 잎이 타들어가는 현상이 나타날 수 있으므로 커튼을 통과하는 부드러운 빛 정도의 장소에 두는 것이 제일 좋다.
4. 분갈이는 2년마다 봄에 해 준다.

특 징
1. 가장 대중적인 실내 관엽식물의 하나로 야자나무 중 가장 작은 수종이며 동양적인 멋을 풍기는 식물이다.
2. 음지에 비교적 강한 식물로 빛이 많지 않은 실내에서도 잘 자라며 열대식물이지만 추위도 잘 견딘다.
3. 암모니아 제거율 1위의 대표적인 공기정화 식물이다.

비 료 5~8월 사이에 2주마다 묽은 액비를 준다.

병충해 깍지벌레, 응애

번 식 씨뿌리기, 포기나누기

1 흙이 쏟아지지 않도록 화분을 기울여 빼낸다.

2 옮겨 심을 화분에 흙과 함께 그대로 심는다.

3 흙이 골고루 꽉 차도록 채운다.

테이블야자 [야자과]

장 소 　반양지, 반음지
온 도 　20~27℃
물주기 　표면의 흙이 말랐을 때 준다.
관 리 　1. 건조에 특히 약하므로 여름철에는 흙이 마르지 않도록 하고 햇빛을 너무 많이 쪼이면 잎이 노랗게 변한다.
　　　　2. 지나치게 과습하거나 건조할 경우 병해충이 생길 수 있으므로 유의한다.
　　　　3. 매년 봄 분갈이를 해 준다.
특 징 　1. 야자나무 종류 중에서는 가장 섬세한 외관을 하고 있으며 생육이 느린 편이다.
　　　　2. 빛 부족과 건조한 환경에도 잘 견디므로 키우기 쉬운 식물로 암모니아 제거 능력이 탁월한 공기정화 식물이다.
　　　　3. 깃털 같은 진녹색의 잎이 방사형으로 자라며 노란색과 검은색 열매를 맺는다.
비 료 　봄에서 가을에 걸쳐 한 달에 한 번 관엽식물용 액체비료를 준다.
병충해 　쥐똥나무벌레, 깍지벌레, 거미응애
번 식 　포기나누기, 휘묻이, 씨뿌리기

재료 테이블야자, 옮겨 심을 화분, 배양토, 모종삽, 분무기

1 화분을 기울여 흙이 한 번에 쏟아지지 않도록 조심해서 빼 낸다.

2 흙을 조금 털어내고 옮겨 심을 화분에 담는다.

3 골고루 흙이 차도록 채워 준다.

트리안 [마디풀과]

장 소	반양지
온 도	10℃ 이상
물주기	속흙까지 마르기 시작하면 듬뿍 준다.
관 리	1. 반음지에도 적응하지만 빛이 부족하면 잎과 잎 사이, 줄기의 마디 사이가 길게 웃자라고 잎이 떨어진다. 2. 높은 공중습도를 좋아하므로 잎 표면에 자주 분무해 준다. 3. 통풍이 잘 안되고 고온 건조한 환경에서는 각종 병충해가 발생하며 잎 색이 거칠면서 갈색으로 변한다.
특 징	1. 열대를 중심으로 약 250여 종이 자생하는 상록 다년초이다. 2. 모빌처럼 길게 늘어져 자라는 가늘고 섬세한 줄기와 줄기에 매달린 자잘한 잎들이 매력적인 식물이다. 3. 행잉 바스켓이나 높은 화분에 심어 높은 곳에 두면 줄기들이 아래로 늘어져 운치가 있다.
비 료	월 1~2회 액체비료를 준다.
병충해	응애, 진딧물
번 식	꺾꽂이

재료 트리안, 옮겨 심을 화분, 배양토, 모종삽, 분무기, 가위

1 화분을 기울여 흙이 쏟아지지 않도록 주의하며 꺼낸다.　**2** 분갈이용 화분에 그대로 옮겨 심는다.　**3** 골고루 차도록 흙을 채운다.

호야 [박주가릿과]

장 소 반양지
온 도 18~22℃
물주기 화분의 흙이 완전히 말랐을 때 준다.
관 리
1. 빛을 충분히 받지 못하면 줄기가 웃자라 보기 흉해질 뿐 아니라 꽃이 피지 않으므로 밝은 장소에 두는 것이 좋다.
2. 올해 꽃이 피운 자리에 다음에도 꽃눈이 생기므로 가지치기할 때 잘려나가지 않도록 표시해 둔다.
3. 2년마다 이른 봄에 분갈이해 준다. 오염된 토양에 심을 경우 곰팡이병에 감염될 수 있으니 쾌적한 흙에 옮겨 심어 준다.

특 징
1. 다육질의 잎 모양은 물론 하얀색의 별 모양 꽃도 매력적인 식물이다.
2. 늘어지면서 자라는 성질이 있어 걸이용 화분에 심어 기르거나 높은 곳에 올려놓으면 장식효과를 얻을 수 있다.

비 료 5~9월에 두 달에 한 번 관엽용 복합비료를 준다.
병충해 솜깍지벌레, 진드기, 깍지벌레
번 식 꺾꽂이

재료 호야, 옮겨 심을 화분, 배양토, 모종삽, 분무기

1 화분을 기울여 한 번에 흙이 쏟아지지 않도록 주의하면서 빼낸다.

2 흙과 뿌리를 정리하고 그대로 옮겨 심는다.

3 흙을 골고루 꽉 채워 준다.

수선화 [수선화과]

장 소	반음지
온 도	15~20℃
물주기	화분의 흙이 마르면 준다.
관 리	1. 추위에 강해 실외에서 겨울을 나도 시들지 않는다. 시든 꽃이 발견되면 씨방째 잘라내고 비료를 준다. 2. 지상부의 잎이 모두 시들면 캐내어 옮겨 심고 둘레에 비료를 뿌려 준다. 3. 겨울철 너무 과습하면 알뿌리에 곰팡이가 번성하거나 썩는 경우가 생기므로 주의한다.
특 징	1. 다년생의 구근류로 봄이 오기 전 꽃을 피워 새봄맞이 장식용 꽃으로 많이 쓰이며, 최근에는 화분에 심어 현관이나 베란다 장식에 사용한다. 2. 수선화의 생즙은 부스럼을 치료하는데 쓰이고, 꽃은 향유를 만들어 풍을 제거하는데 이용한다. 이밖에도 비늘 줄기는 거담, 백일해 등에 약용한다. 3. 최근 들어 기존의 꽃보다 크고 색깔도 진한 노랑, 흰색의 다양한 개량종이 나오고 있다.
비 료	개화 중 한 번만 주어도 된다.
병충해	진딧물, 토양선충, 푸른곰팡이, 썩음병, 근부병
번 식	쪼개진 구근을 심거나 씨뿌리기 한다.

군자란 [수선화과]

장 소	반양지, 반음지
온 도	생육 적정 온도 10~33℃
물주기	여름에는 표면 흙이 마르기 시작할 때 흠뻑 주고, 늦가을부터는 약간 건조한 상태를 유지한다.
관 리	1. 겨울철 휴면기 동안 빛이 있는 서늘한 장소에서 관리하면 꽃봉오리가 생긴다. 2. 밝은 곳을 좋아하지만 직사광을 받으면 잎이 시들므로 주의한다. 3. 매년 봄, 물이 잘 빠지는 토양에 분갈이해 준다.
특 징	1. 남아프리카 원산의 귀화 식물로 군자란이라는 이름으로 불리지만 수선화과의 식물로 난초와는 관계가 없다. 2. 잎은 로제트 형태로 가운데서 빨간색과 주황색의 꽃이 무리지어 돌아가며 핀다. 3. 온실에서는 3월부터 꽃이 피기 시작하며 포기나누기와 씨뿌리기로 번식 가능하지만 씨뿌리기로 번식을 할 경우 꽃이 피기까지 4년 정도의 시간이 걸린다.
비 료	꽃이 핀 후 가을까지는 한 달에 한 번 관엽용 복합비료를 주고 겨울철에는 주지 않는다.
병충해	거미응애, 탄저병, 연부병
번 식	씨뿌리기, 포기나누기

식물 관리

🪴 계절별 식물 관리

　식물은 계절에 따라 생장과 휴면 주기를 반복하기 때문에 관리도 그에 알맞게 달라져야 한다. 대부분의 식물이 활발한 생장을 하는 봄철에는 물도 충분히 주고, 비료도 충분히 주며, 종류에 따라 빛도 충분히 쪼이도록 해야 하지만, 겨울철에는 휴면에 들어가는 식물들이 많아 물과 비료를 제한하는 것이 좋다.

봄철 식물 관리

　겨울철 휴면기를 거쳐 본격적인 생장을 시작하는 시기로, 해가 조금씩 길어지고 빛도 강해지는 시기이지만, 기온은 불안정할 때가 많으므로 주의를 기울이는 것이 좋다. 이 시기에는 빛, 수분, 영양 등 식물에 필요한 모든 요소들에 골고루 신경을 써야 식물이 잘 자랄 수 있으며, 분갈이나 번식 등에 용이한 계절이기 때문에 식물 가꾸기에 매우 바쁜 계절이다.

- **장　소**　겨우내 실내에서 관리했던 식물을 서서히 베란다로 옮겨 준다. 비교적 추위에 강한 식물은 3월 중순부터, 추위에 약한 식물은 4월 초순에 내어 놓는다. 베란다로 옮길 때는 한 번에 내어놓지 말고, 일주일 정도의 충분한 적응 기간을 거쳐 옮기도록 한다.

- **빛**　빛이 부족한 겨울철에 실내에서 충분한 빛을 보지 못한 식물을 위해 서서히 빛에 적응시킨 후 완전히 빛을 받을 수 있도록 한다. 이때 보통 40~50% 정도 차광한 빛을 보여주다가 5월이 지나면 본격적으로 빛에 내어 놓도록 한다.

- **온　도**　봄이라고는 하지만, 3~4월에는 기온이 일정하지가 않으므로 보온에 신경을 써야 한다. 하지만 낮에는 온도가 올라가기도 하므로 환기에 신경을 써 급격한 온도 변화를 막아 주어야 한다. 5월이 되면 일정한 온도 변화를 보이므로 실외에 내어 놓아도 좋다.

물 주 기 4월 중순까지는 물을 절제하다가 이후에는 충분한 양의 물을 주도록 한다. 봄철에는 대부분의 식물들이 본격적인 생장을 시작하게 되는데, 이 시기에 충분한 수분을 흡수하지 못하면 생육에 좋지 않은 영향을 끼친다. 특히 많은 양의 수분을 필요로 하는 식물은 절대 물을 말려서는 안 된다. 물은 온도가 올라가기 전인 오전 중으로 주도록 하며, 물이 마르기 전에 충분히 준다.

비　　료 두 가지 방법으로 비료를 줄 수 있는데 분에는 유기질 비료와 골분을 갈아 같이 주고, 잎에는 화학비료를 엽면 시비로 준다. 강하게 희석하는 것 보다는 1500배 정도 묽게 희석하여 주 1회 정도 주도록 한다.

분 갈 이 본격적인 생장이 시작되기 전 이른 봄에 분갈이를 해 주는 것이 좋은데, 모든 식물을 모두 분갈이해 줄 필요는 없으므로 꼭 필요한 식물만 분갈이를 해 주도록 한다. 분갈이 후에는 수분과 영양 공급에 특별히 신경 써 관리하는 것이 좋다.

병 충 해 식물의 본격적인 생장이 시작되는 시기인 만큼 병충해 역시 식물을 괴롭히기 시작한다. 병충해가 생기기 전 자주 잎에 물을 뿌려 벌레 발생을 예방해 준다.

가지치기 여름철 꽃을 피우는 식물을 제외하고 가을에 꽃이 피는 식물은 가지치기를 통해 다듬어 주는 것이 좋다. 가지치기는 겨우내 형성되었던 꽃눈이 잘려버리면 다시 꽃을 피우지 못할 수도 있으므로 겨울동안 꽃이 펴서 진 것만 주의해서 잘라내도록 한다.

겨울철 식물 관리

우리나라는 사계절이 뚜렷한 편이라 대부분의 식물들이 잘 자라긴 하지만, 겨울철 실내 식물의 경우 난방, 적은 광양, 환기가 잘 되지 않는 탁한 공기 때문에 식물들이 잘 자라기 힘들다. 대부분의 경우 베란다에 두고 식물을 키우는 경우가 많은데, 겨울철이 되면 베란다에 두어도 되는 식물과 실내로 들여야 할 식물을 구분하여 적당한 위치에 두는 것이 좋다.

겨울철 키우기 원활한 식물 종류에는 싱그러운 푸른 잎을 즐길 수 있는 관엽식물(야자나무, 소철, 고무나무, 아디안툼), 다른 식물에 비해 신경을 덜 써도 괜찮은 선인장 종류, 단아한 분위기의 난초, 화려한 꽃을 즐길 수 있는 알뿌리 화초(프리지어, 아네모네, 히아신스, 수선화, 튤립, 백합) 등이 있다.

빛 대부분의 식물이 휴면기에 들어가는 겨울철에도 필요한 영양분은 있기 마련이다. 영양분을 만들어내는 빛이 부족할 경우 식물이 가늘고 힘이 없어지며, 웃자람이 생기고 잎의 색도 점점 옅어지며 쇠약해진다. 빛의 양이 적은 겨울철에는 한낮에 베란다에 잠시 내어 두거나, 빛이 잘 드는 창가에 두어 필요한 빛을 충분히 받을 수 있도록 한다.

| 온　　도 | 관엽식물의 대부분은 아열대 원산이므로, 실내 온도가 10℃ 이상은 되어야 한다. 하지만 지나치게 높은 온도가 계속 될 경우 병충해가 생길 염려가 있으므로 빛이 많이 드는 시간에 환기를 시키거나, 빛이 잘 드는 베란다 등에 내어 두는 것도 좋다. 상록 종류는 겨울철에 충분한 동면이 필요하므로 조금 서늘하게 관리한다. |

물 주 기　겨울철에는 오전 10시에서 오후 4시 사이 빛이 들어 온도가 비교적 높은 시간에 물을 주는 것이 좋다. 대부분의 식물이 휴면기이므로 다소 건조한 듯 관리해도 괜찮은데, 흙을 만져 보았을 때 충분히 말라있으면 물을 주도록 한다.

비　　료　식물의 휴면기인 겨울철에는 굳이 따로 영양 공급을 하지 않아도 되는데, 꽃을 피우는 식물의 경우엔 겨울철에도 충분한 영양을 공급해 주어야 한다. 영양제나 비료를 주고 3~4일간은 물을 주지 않는 것이 좋은데, 이는 영양분이 충분히 흡수 될 수 있도록 시간이 필요하기 때문이다.

온도에 따른 겨울철 식물 분류

5~10℃ 정도의 저온 : 동양란 등 온대 지방의 식물과 가을에 심는 구근류 : 사철나무, 월계수, 유도화 등 목본성 식물

10~17℃ 정도의 중온 : 지방의 남부와 아열대 원산의 식물 : 비로야자, 카나리야자, 대추야자, 시네라리아, 심비듐, 풍란, 석곡 등

17~24℃ 정도의 중·고온 : 난초 종류 중 카틀레야, 파피오페딜룸, 반다, 온시디움, 덴드로비움과 일반적인 분화식물

24~28℃ 정도의 고온 : 열대 지방 및 아열대 지방이 원산인 식물 : 나도제비난초(호접란), 밀토니아, 마란타 등

식물의 병과 해충

식물도 사람과 마찬가지로 아파서 병에 들기도 하고, 해충의 피해를 입기도 한다. 식물의 병해충은 미리 방제하는 것이 가장 중요하지만, 이미 발생한 병해충은 피해가 커지기 전에 재빨리 제거해 주어야 한다. 식물의 병해충은 대체적으로 고온 건조한 환경이나 허약한 식물에서 잘 발생하므로 적절한 생육 환경과 끈임없는 관심을 기울여야 한다.

눈에 보이는 해충류는 젓가락이나 핀셋 등을 이용하여 집어내고, 아주 작은 종류는 칫솔로 털어낸다. 또는 물을 충분히 뿌려 씻겨 내려가게 하거나, 약한 비눗물을 탄 물을 뿌려주어도 되며, 약제를 탄 물을 잎의 앞뒷면에 충분히 뿌려주어도 좋다. 하지만 너무 심하게 피해를 입은 잎이나

꽂은 잘라서 태워 다른 식물로의 감염을 막는 것이 좋으며, 구제 후에는 소독을 하도록 한다.

🌼 해충별 생물학적 방제법

효과적인 해충	방 법	상 세 내 용
총채벌레, 모기, 날파리	끈끈이 사용	접착제가 발린 얇은 판을 매달거나 꽂아준다.
응애, 총채벌레	사우나 시키기	물을 준 후 공기가 통하지 않도록 비닐로 감싸 그대로 며칠 둔다. 관엽식물에 효과적인 방법이다.
진딧물, 깍지벌레, 가루깍지벌레	비눗물 뿌리기	1L의 물에 물비누와 알코올 1큰술을 섞어 3일에 한 번 뿌려준다.
진딧물, 응애, 총채벌레	물에 담그기	미지근한 물로 여러 번 샤워를 시키거나, 화분을 거꾸로 들어 줄기 부분만 물 속에 담그는 방법이다.
응애, 총채벌레, 가루깍지벌레	익충 투입하기	무당벌레, 풀잠자리, 포식성 응애 등의 익충을 넣는다.
진딧물, 깍지벌레, 가루깍지벌레, 응애, 총채벌레, 모기	식물 보강 요법	해충이 생기지 않게 식물을 튼튼하게 키우는 것으로, 아스피린을 섞은 물이나 계란 껍데기를 담가 두었던 물을 주기도 한다.
진딧물, 응애, 총채벌레	양파 & 마늘 요법	양파와 마늘을 잘게 다져 물속에 몇 시간 담가두었다 걸러낸 물을 1주일에 두세 번 화분에 뿌려준다.
진딧물, 깍지벌레, 총채벌레, 응애	가벼운 도구 이용	벌레가 발견되면 손으로 잡거나 솔 종류를 이용 문질러 털어낸다.

병해충의 화학적 방제법

각 증상별 알맞은 약을 선택하여 사용법에 따라 물에 희석하여 식물에 뿌려준다.

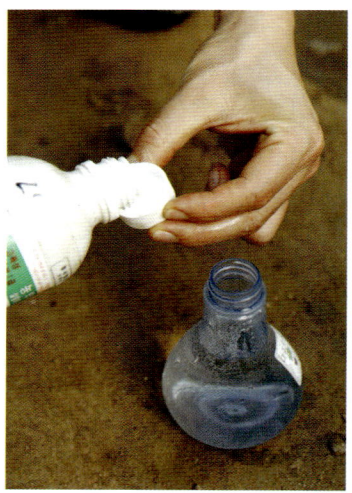 

식물에 발생하는 주요 병해충

탄저병 : 잎 끝에 어두운 갈색 줄이 생기고, 움푹 들어간 검은 반점이 보인다. 고온 다습한 환경에서 잘 발생하는데, 감염된 잎을 제거하고 방부제를 살포한 후 한동안 건조한 곳에서 분무를 하지 않고 관리한다.

잿빛곰팡이병 : 저온 다습한 환경에서 주로 발생하는 현상으로 식물의 전체 부분에 회색의 복슬복슬한 곰팡이가 피어난다. 감염 부위를 잘라내고 통풍과 물주기에 주의하여 관리한다.

뿌리썩음병 : 잎이 누렇게 변하면서 빠른 속도로 갈변한다. 상한 부위를 제거하고 분갈이를 한 다음 카벤다짐용액을 뿌린다. 회복까지 직사광선은 피하고 물을 주지 않는다.

그을음병 : 해충의 분비물 위에 생긴 검은 곰팡이로서, 햇빛과 기공을 차단하여 식물의 생육을 방해한다. 발견 즉시 죽이고 젖은 천으로 닦아낸 후 깨끗한 물로 헹궈준다.

진딧물 : 검은색이나 회색, 오렌지색을 띠며 식물의 진액을 빨아 먹는다. 생장점, 꽃눈 부위 등 주로 식물의 연한 조직을 공격하는 해충이다. 살충제를 반복 살포해준다.

깍지벌레 : 희고 미세한 털을 가졌거나 작은 갈색의 조각들이 잎 뒷면과 엽맥을 따라 붙는다. 입

이 누렇게 변하면서 떨어지는 현상이 생기는데, 초기에는 젖은 천으로 닦으면 효과를 볼 수 있으나 심해지면 완벽한 제거가 거의 불가능해진다.

응애 : 주로 고온 건조한 환경에서 발생하며, 잎 뒷면에 기생하여 식물의 즙을 빨아들인다. 잎의 윗면에 누런 얼룩반점이 생기고 낙엽이 지며, 잎과 줄기 사이에 거미줄이 생기기도 한다. 발견 즉시 살충제를 살포하여 방제한다.

총채벌레 : 작고 검은 해충으로 실내 식물에는 자주 나타나지 않으나, 잎에서 잎으로 날아다니며 은색의 줄을 만든다. 꽃에 반점이 생기거나 꽃의 모양이 변하며, 식물의 생육이 크게 떨어진다. 초기에 살충제를 반복 살포해 주어 방제한다.

온실가루이 : 성충은 잘 보이지 않으며, 녹색의 유충이 잎뒷면에 붙어 식물의 진액을 빨아먹으며 점액질을 분비한다. 자주 발생하는 해충으로 심하면 누렇게 변하면서 낙엽이 떨어진다. 방제가 어려운 해충으로 살충제를 3일 간격으로 살포한다.

| 알아두면 좋아요 |

행운목 : 직사광선을 받으면 잎이 타고, 빛이 부족하면 잎이 누렇게 변하는 식물로, 간접광이 비추는 장소에 두고 10℃ 이상 온도를 유지해 주도록 한다. 일주일에 한 번 정도 물을 주고 하루에 한 번 잎에 분무해 준다.

파키라 : 겨울철 5~6℃ 정도까지 월동이 가능하지만 추위에 약한 편으로 빛이 잘 드는 거실 같은 장소에 두는 것이 좋다. 일주일에 2회 정도 충분한 물을 준다.

종려죽 : 3℃ 이상만 온도를 유지하면 겨울도 비교적 잘 나지만 찬바람을 맞으면 잎이 누렇게 변할 수 있으므로 주의한다. 3, 4일에 한 번 미지근한 물을 준다.

안스리움 : 직사광을 좋아하는 식물이므로 거실에 두고 있다 빛이 좋은 오후 베란다에 두어 충분한 양의 빛을 받을 수 있도록 한다. 하지만 음지에서 키우던 것이라면 갑자기 빛에 노출시킬 경우 잎이 타버릴 수 있으므로 조금씩 빛에 적응시키는 것이 좋다. 물은 화분의 흙이 말랐을 때 충분히 준다.

아레카야자 : 열대 지방 원산의 식물로, 추위에 특히 약하므로 온도 관리에 특별히 신경 써야 한다. 10℃ 이상 유지되고 통풍이 잘 되는 곳에 두고 관리하도록 한다. 물은 충분히 주어 고온다습한 환경을 유지하는 것이 좋다.

겐지

장 소	반음지
온 도	15~25℃
물주기	난석이 마르면 충분히 준다.
관 리	1. 4월에서 8월까지는 난석이 마른 당일 저녁에 물을 주고 9월에서 이듬해 3월까지는 난석이 마른 다음날 오전에 물을 준다. 2. 한여름과 성장을 잠시 멈추는 겨울철 휴면기에는 비료를 전혀 주지 않는다. 3. 겨울철 오전에는 햇빛을 받는 것이 좋으나 그 외에는 직사광선을 피하도록 한다.
특 징	1. 보세란과 신비디움의 교배종으로 동양란의 향과 서양란의 화려함을 동시에 얻을 수 있다. 2. 꽃대가 굵고 힘차며 오래가기 때문에 승진, 취업, 개업 등의 일반적인 축하용으로 적합하다. 3. 10월에서 이듬해 3월 사이에 꽃이 피는데 보세란 보다 꽃향기는 연하다. 또 오전에는 꽃향기를 맡을 수 있지만 오후에는 향이 나지 않는다.
비 료	봄, 가을에 유박비료를 준다.
병충해	달팽이, 진딧물
번 식	포기나누기

재료 겐지, 옮겨 심을 화분, 난석, 모종삽, 분무기

1 뿌리가 다치지 않도록 화분을 기울여 빼낸다.

2 옮겨 심을 화분에 그대로 심어 준다.

3 난석이 화분에 꽉 차게 채운다.

로즈마리 [꿀풀과]

- **장 소** 양지
- **온 도** 10~22℃
- **물주기** 표면의 흙이 말랐을 때 충분히 준다.
- **관 리**
  1. 겨울에는 약간 건조하게 키우고 과습을 피해 물주기를 줄인다.
  2. 겨울에도 잎이 시들지 않는 상록성 식물이지만 추위에 약하므로 빛이 잘 들고 쾌적한 온도의 실내에서 월동한다.
  3. 새순을 모두 수확하면 이듬해 새순이 나오지 않으므로 주의한다.
  4. 가을에는 윗부분을 $\frac{1}{3}$ 정도 잘라 준다.
  5. 분갈이를 좋아하지 않으므로 처음부터 약간 넉넉한 화분에서 키우는 것이 좋다.

재료 로즈마리, 옮겨 심을 화분, 배양토, 꽃삽

- **특 징**
  1. 지중해 원산의 여러해살이 허브로 잎은 진초록색으로 바늘 모양이고 1m까지 성장하며 꽃은 청색 또는 라일락 색을 띤다.
  2. 살균소독 작용이 있고 뇌세포를 활성화시켜 두뇌를 맑게 하고 기억력을 증진시킨다.
  3. 우정과 기억의 상징으로, 개화 초기에 수확하여 차와 각종 요리에 이용할 수 있다.
  4. 어릴 때는 생장 속도가 느린 편이나 더위에 강하며 병충해가 적어 강건하게 자란다.
- **비 료** 봄에서 가을까지 2주에 한 번 액비를 준다.
- **병충해** 진딧물, 응애, 깍지벌레
- **번 식** 포기나누기, 꺾꽂이

1 뿌리가 다치지 않도록 조심스럽게 화분에서 분리한다.

2 흙과 함께 그대로 옮겨 심어 준비된 배양토로 채워 준다.

율마 [측백나무과]

재료 율마, 옮겨 심을 화분, 배양토, 분무기, 꽃삽

- **장 소** 양지, 반양지
- **온 도** 15~20℃
- **물주기** 여름철에는 흙이 마르기 전에, 겨울철에는 흙이 말랐을 때 물을 준다.
- **관 리**
  1. 키우기가 까다로운 식물로, 물을 말릴 경우 잎 끝부터 변색되어 회복이 어렵게 된다.
  2. 분갈이 시 뿌리 주변의 흙을 너무 많이 털어내면 몸살을 앓을 수 있으며, 한쪽만 너무 많은 빛을 받게 되면 모양이 흐트러지거나 갈변될 수 있으므로 고루 빛을 받을 수 있도록 한다.
  3. 가위에 잘린 부분은 갈변되어 회복이 어려울 수 있으므로 손으로 끝순 마디를 뽑아내는 방법으로 가지치기를 한다.
- **특 징**
  1. 분화용으로 각광받는 식물로, 최근에는 전나무 대신 크리스마스 트리로도 많이 사용되고 있다.
  2. 산림욕의 효용 근원인 피톤치드를 발산하여 실내 공기정화에 효과적인 식물로 유럽에서는 오일을 채취하거나 원예 치료용으로 이용하기도 한다.
- **비 료** 봄에서 가을에 걸쳐 캡슐형 완효성 복합비료를 준다.
- **병충해** 청벌레, 진딧물, 깍지벌레
- **번 식** 꺾꽂이

1 뿌리가 다치지 않도록 천천히 흙과 함께 빼낸다.

2 흙을 조금 털어내고 새 화분에 옮겨 담는다.

3 배양토를 꾹꾹 눌러가며 채워 준다.

꽃베고니아 [베고니아과]

장 소 반양지
온 도 18℃ 내외
물주기 흙이 마르기 전에 준다.
관 리
1. 시든 꽃은 빨리 정리해 주고 꽃이 모두 졌을 때 포기를 낮게 잘라 비료를 주면 2~3달 후에 다시 꽃을 볼 수 있다.
2. 뿌리가 얕게 자라므로 생장기에는 화분의 흙이 마르기 전에 물을 주어야 하지만 가을에 잎이 노랗게 변할 때는 거의 물을 주지 않는다.
3. 5~6월에 분갈이를 하는데 포기를 마디 바로 아래에서 2~3cm 남기고 깊게 잘라낸 후 흙을 털어내고 조금 얕게 심는다.

특 징
1. 우리나라에서는 대부분 실내 분화용으로 많이 쓰이며, 줄기가 늘어지는 것들은 걸이용으로 좋다.
2. 베고니아 종류는 품종 개량을 시작한 지 100년이 넘어 현재 1,300여 종에 이를 정도로 품종이 다양하다.
3. 보통의 실내 식물은 여름에 꽃을 피우지 않는데 꽃베고니아는 여름에도 꽃을 피워 분화용으로 인기가 높다.

비 료 2주에 한 번 관엽용 복합비료를 준다.
병충해 흰가루병, 잿빛곰팡이병, 뿌리썩음병, 굴파리, 총채벌레, 응애
번 식 잎꽂이, 포기나누기, 씨뿌리기

분화장미 [장미과]

장 소	양지, 반양지
온 도	8~21℃
물주기	표면의 흙이 마르기 시작할 때 충분히 물을 준다.
관 리	1. 직사광이나 간접광, 따뜻한 곳이나 서늘한 곳 어디서든 기를 수 있는데, 서늘한 곳에 놓으면 꽃이 오래 간다. 2. 건조에 약하기 때문에 토양은 항상 축축하게 유지하는 것이 좋다. 3. 오래된 꽃들은 잘라내고 새로운 꽃이 필 수 있는 공간을 확보해 주어야 한다. 4. 꽃이 지면 가지치기를 하여 충분한 빛을 받을 수 있도록 하면 다시 꽃이 핀다.
특 징	1. 주로 절화로 감상하던 장미를 오랫동안 감상하기 위해 분화용으로 개량한 장미로 많은 인기를 얻고 있다. 2. 무수히 많은 품종들이 있으며, 크기, 꽃의 색상 등의 형태가 다양하다. 3. 장미는 가장 많이 사랑받는 꽃 중 하나로 현재 1만여 종 이상의 품종이 나와 있으며, 거듭된 육종의 결과로 다양한 색의 꽃을 볼 수 있다.
비 료	봄에서 가을에 걸쳐 2주에 한 번 관엽용 복합비료를 준다.
병충해	진딧물, 거미응애, 잿빛곰팡이병, 흰가루병
번 식	줄기꽂이

칠복수 [돌나물과]

장 소	양지
온 도	5~30℃
물주기	흙에 물이 완전히 말랐을 때 물을 준다.
관 리	1. 직사광선과 함께 절대 건조하게 키워야 하는 종류로, 과습하면 마디가 부러진다. 2. 휴면기 절수와 고온다습에 주의한다. 직사광선이 아닐 때는 절대 물을 주면 안 된다.
특 징	1. 집안에 두면 일곱 가지 복을 갖다 준다고 하여 '칠복신'이라고도 불린다. 2. 로제트를 형성하며 남회색의 몸체와 잎을 가지고 있다. 3. 늦가을에서 겨울에 꽃이 피며 잎의 넓이가 연꽃처럼 아주 크게 자란다.
비 료	거의 주지 않는다.
병충해	거의 없다.
번 식	마디에서 나온 새끼를 따서 그늘에 말렸다가 얇은 막이 생기면 배수가 잘 되는 흙에 심어준다.

칼랑코에 [돌나물과]

장 소	직사광, 간접광(여름철에는 직사광에 노출되면 잎이 붉게 변한다.)
온 도	18~27℃ (10~13℃ 월동)
물주기	화분의 흙이 마른 후 하루나 이틀 지나서 규칙적으로 준다.
관 리	1. 단일 식물로 일조 시간이 짧아야 꽃눈이 생기고, 너무 밝은 곳에서 키우면 꽃이 피지 않는다. 2. 개화가 시작될 즈음엔 일조 시간을 줄이고 약간 어두운 곳에 둔다. 3. 꽃이 지면 아랫부분을 잘라 모양을 다듬어 준다. 4. 가능한 한 건조하게 키우는 것이 좋으나, 건조한 실내에 둘 경우엔 잎에 조금씩 분무해 준다.
특 징	1. 실내 습도 조절에는 큰 효과가 없지만, 기르기 쉽고 관리가 편리할 뿐 아니라 아름다운 꽃이 피어 겨울철 실내에서 기르는 꽃으로 인기가 높다. 2. 진녹색의 잎이 두툼하며 꽃이 빽빽하게 무리를 지어 핀다. 3. 홑꽃과 겹꽃으로 빨간색, 분홍색, 크림색, 자주색 등 꽃의 색이 다양한 만큼 품종 또한 다양하다.
비 료	봄부터 가을까지는 한 달에 한 번 관엽용 복합비료를 주고, 겨울에는 시비하지 않는다.
병충해	진딧물, 쥐똥나무벌레, 잿빛곰팡이병, 총채벌레
번 식	가지를 잘라 꽂으면 뿌리를 내린다.

녹탑 [돌나물과]

- **장　소**　양지, 반그늘
- **온　도**　10~30℃
- **물주기**　봄·가을·겨울에는 주 1회, 여름에는 20일에 한 번 준다.
- **관　리**
  1. 겨울철 동사와 건조에 주의하도록 한다.
  2. 물주기는 계절이나 온도, 관리 장소 등에 따라 달라질 수 있으므로 환경에 따라 달리한다.
  3. 다육식물 중에서 예민한 편으로 장소를 자주 옮기면 스트레스를 받는다.
  4. 어둡고 습한 곳을 싫어하며 이런 환경에 오래 노출되면 웃자람이 생길 수 있다.
- **특　징**
  1. 돌나물과의 식물로 '오리지널 녹탑' 또는 '약록'이라고도 불리며, 녹탑류 중에서는 일반 화원에서 흔히 접할 수 있다.
  2. 탑 모양처럼 한 단계씩 탑을 쌓아가며 위로 자란다.
  3. 잎에 물이 닿으면 상처가 나듯 녹아 타버리므로 주의하도록 한다.
- **비　료**　한 달에 한 번 관엽용 복합비료를 준다.
- **병충해**　거의 생기지 않는다.
- **번　식**　삽목, 잘라서 꽂으면 뿌리가 내린다.

비올라시 [돌나물과]

장 소	양지 또는 반그늘
온 도	16~30℃
물주기	화분의 흙이 완전히 말랐을 때 물을 준다.
관 리	1. 겨울철에는 거의 물을 주지 않으며, 꽃대가 진 후 한 달은 휴면기이므로 물을 주지 않는다. 2. 2~3년마다 봄에 분갈이를 해 주도록 하며, 분갈이 후 일주일이 지나면 물을 준다.
특 징	1. 짧고 굵은 줄기가 마치 양파를 연상시키는 외관으로 잎의 뒷면과 줄기는 짙은 자줏빛을 띤다. 2. 잎의 앞면에 짙은 녹색의 얼룩무늬가 매력적인 종류로 잎이 자라며 지그재그로 얽혀 꽃봉오리 같은 모양을 만든다. 3. 꽃대가 잎 사이사이로 올라와 있으며, 뿌리로부터 새로운 개체를 뻗어 번식하는 비교적 강건한 다육 식물이다.
비 료	한 달에 한 번 관엽용 복합비료를 준다. 겨울에는 주지 않는다.
병충해	잿빛곰팡이병, 진딧물. 거의 생기지 않으나 햇빛이 부족할 경우 생길 수 있다.
번 식	포기나누기

정야 [돌나물과]

장 소	양지 또는 반양지
온 도	10~30℃
물주기	화분의 흙이 마르고 2~3일 후에 준다.

관 리
1. 겨울철에는 10℃ 이상의 온도에서 다소 건조하게 기른다.
2. 햇빛이 잘 드는 곳에 두고, 분갈이를 할 경우에는 일주일 후에 물을 준다.
3. 잎 끝 가시부분이 빨갛게 변하면 물을 적게 주고 햇빛이 충분히 드는 곳에 둔다.

특 징
1. 어린 개체들이 원 식물 주변으로 모여 나기 때문에 '암탉과 병아리(hen-and-chickens)'라는 이름으로 불리기도 한다.
2. 다른 에케베리아 속 식물처럼 잎이 촘촘하게 로제트식으로 나며, 잎 위쪽으로 높게 올라오는 꽃자루가 더욱 아름다워 식물 수집가들 사이에 인기가 좋다.
3. 멕시코 남미 북서부에 약 100여 종이 분포하는데 종간 교배에 의해 나온 원예종이 많다.

비 료	한 달에 한 번 관엽용 복합비료를 준다.
병충해	거의 없는 편이다.
번 식	식물의 잎을 잘라 꽂아 놓으면 잘 자란다.

홍사 [돌나물과]

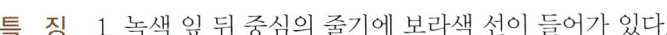

장 소	직사광선, 반양지
온 도	10~28℃
물주기	화분의 흙이 완전히 말랐을 때 물을 준다.
관 리	1. 다른 에케베리아 속과 마찬가지로 다소 건조하게 관리하며 겨울철 휴면기에는 거의 물을 주지 않는다. 2. 빛이 잘 들고 통풍이 원활한 곳에서 관리한다. 3. 3년 정도마다 이른 봄에 분갈이를 하는데 뿌리가 완전히 내릴 때까지는 분갈이를 하지 않는 것이 좋다.
특 징	1. 녹색 잎 뒤 중심의 줄기에 보라색 선이 들어가 있다. 2. 잎은 그렇게 커지지 않고 줄기 부분이 성장하며 아래쪽 잎이 시들어가기 때문에 흑법사와 비슷하기도 하다. 3. 환엽홍사는 잎에 돌기가 나오고 구엽홍사는 돌기가 없다.
비 료	한 달에 한 번 관엽용 복합비료를 준다.
병충해	습하면 진딧물이 생길 수 있다.
번 식	새로 자라는 줄기를 잘라 꽂아 준다.

그린펫 [돌나물과]

- **장 소**　직사광선을 피한 반그늘
- **온 도**　10~30℃
- **물주기**　화분의 흙이 말랐을 때 물을 준다.
- **관 리**　1. 비를 맞지 않도록 주의한다.
  2. 겨울철에는 서늘한 곳에 두고 건조하게 유지한다.
  3. 3년에 한 번 이른 봄에 배수가 잘 되는 난석을 깔아 분갈이를 한다.
- **특 징**　1. 멕시코 원산의 다육류로 종들 간의 교배로 생긴 하위종이라는 추측도 있지만 정확한 유래를 알 수 없다.
  2. 미니 청솔을 닮은 것 같기도 하며, 잎보다 큰 별모양의 화려한 꽃이 핀다.
  3. 잎의 자라는 모양이 나선형 계단을 닮았다.
  4. 일광 조건이 좋으면 잎 끝부터 붉게 물이 들기도 한다.
- **비 료**　2주에 한 번 정도 관엽용 복합비료를 준다.
- **병충해**　잿빛곰팡이병
- **번 식**　봄에서 가을까지 포기나누기를 해 주며, 줄기 또는 잎을 잘라 번식한다.

파필라리스 [돌나물과]

장 소	양지
온 도	16~25℃
물주기	완전히 말랐을 때 물을 주고 다소 건조하게 관리한다.
관 리	1. 빛을 충분히 받을 수 있도록 밝은 곳에 둔다. 2. 꽃이 지면 꽃대는 잘라 준다.
특 징	1. 잎은 약간 끈적이는 느낌을 주는데 염좌를 닮았고 꽃은 복랑과 비슷하다. 2. 빛을 많이 받고 수분을 적당히 조절하면 잎이 맑은 연노랑빛으로 물든다. 3. 새순 끝마다 꽃이 피는데 개화 기간이 길고 꽃이 아름다워 관상 가치가 높다.
비 료	한 달에 한 번 관엽용 복합비료를 준다.
병충해	깍지벌레
번 식	포기나누기

흑법사 [돌나물과]

- **장 소** 양지나 반그늘
- **온 도** -2℃ 이상, 적정온도 16~25℃
- **물주기** 흙이 완전히 건조 됐을 때 충분히 준다.
- **관 리**
  1. 봄이나 가을이 성장기이므로 규칙적으로 물을 주는 것이 좋다.
  2. 채색을 변화시키려면 많은 빛을 쬐이고 충분한 물을 준다.
  3. 잎이 매끈하고 털이 없는 매끈한 나무형으로 물을 줄 때는 샤워를 해 주어도 큰 탈이 없다.
- **특 징**
  1. 잎이 줄기 끝에 로제트 형상으로 자라고 25cm 정도 높이의 곧은 줄기에서 가지가 조금 나온다.
  2. 로제트의 지름은 20cm 정도로 잎은 암적자색으로 빽빽하게 자라며 주걱 모양이다.
  3. 꽃은 긴 총상화서로 20~30cm 정도로 여름에 연한 황색 꽃이 핀다.
- **비 료** 한 달에 한 번 관엽용 복합비료를 준다.
- **병충해** 깍지벌레
- **번 식** 꺾꽂이, 종자번식. 어느 정도 자랐을 때 줄기 끝을 잘라 그늘진 곳에 두면 뿌리가 내린다.

흑왕자 [돌나물과]

장 소	통풍이 잘되는 양지
온 도	5~35℃
물주기	흙이 말랐을 때 준다.
관 리	1. 봄·가을에는 흙이 말랐을 때 아래로 흐를 정도로 물을 주고 여름철과 겨울철에는 소량의 물만 준다. 2. 잎에 주름이 보이거나 힘이 없어 보이고 만졌을 때 말랑한 느낌이 들면 물을 준다. 3. 직사광을 좋아하지만 장시간 노출될 경우 생장속도가 느려질 수 있으며 고온다습하면 뿌리가 썩는다.
특 징	1. 에케베리아 중 아피나스와 사비아나의 교배종으로, 다른 에케베리아 속과 마찬가지로 최고 건강할 때 꽃이 핀다. 2. 잎의 아랫부분이 검붉은 색으로 되어 있으며, 잎은 마치 꽃송이가 활짝 피어 있는 듯한 모습을 하고 있고 꽃잎이 매우 섬세하다.
비 료	봄·가을에 가끔 액상비료를 준다.
병충해	깍지벌레
번 식	잎꽂이, 꺾꽂이

염좌 [돌나물과]

장 소	양지 또는 반양지
온 도	적정 온도 15~35℃
물주기	봄부터 가을까지는 흙이 말랐을 때 물을 주고, 겨울에는 건조하게 유지한다.
관 리	1. 직사광에도 견딜 수 있지만, 그늘에 두면 줄기가 웃자라 굵어지지 않을 뿐 아니라 쓰러질 수 있으므로 주의한다. 2. 저온에 강하므로 10월 초나 중순부터 4월까지 실내에 들여 놓으면 따로 보온에 신경 쓰지 않아도 된다. 하지만 서리에 약하므로 실외에 둘 땐 주의하는 것이 좋다. 3. 2년 정도 마다 봄에 분갈이를 해 준다.
특 징	1. 친숙한 다육 종류 중 하나로 튼튼하고 굵은 가지가 많이 자라 나온다. 2. 실내에서는 1m 정도까지 자라는데 줄기는 굵고 마디는 짧다. 3. 봄에 작은 별 모양의 흰 꽃이 무수히 피어나지만 실내에서는 보기 어렵다. 4. 다른 다육과 마찬가지로 다양한 종과 품종이 재배되고 있다.
비 료	봄, 여름에 격주로 액비를 준다.
병충해	진딧물, 거미응애
번 식	포기나누기

옥서화 [돌나물과]

장 소	직사광을 피한 반양지
온 도	내한력 5℃ 이상, 적정 온도 15~30℃
물주기	화분의 흙이 완전히 말랐을 때 물을 준다.
관 리	1. 연중 햇빛을 잘 받게 하여 웃자라지 않도록 관리해야 한다. 2. 건조에 강하므로 가급적 물 주는 것을 자제하여 식물을 작게 키운다. 3. 3년 정도마다 4~5월에 배수가 원활한 용토에 옮겨 심는다. 4. 예민한 편으로 잘못 건드리면 잎이 떨어질 수 있으므로 손이 닿지 않는 곳에 두고 비를 맞지 않도록 주의한다.
특 징	1. '비취' 또는 '청옥'으로 불리는 종류로 옥수수 알갱이와 비슷한 모양을 가지는 공중걸이용 재배식물이다. 2. 홍옥과 모양은 비슷하지만 물들었을 때 홍옥과 달리 빨간 물이 들지 않는다. 3. 작은 알갱이가 길게 꼬리를 물듯 자라 '원숭이 꼬리'라는 별명이 있다.
비 료	봄에서 가을까지 2~3주에 한 번 관엽용 복합비료를 준다.
병충해	잿빛곰팡이병
번 식	포기나누기, 꺾꽂이

월토이 [돌나물과]

장 소	양지
온 도	최저온도 7℃ 이상
물주기	봄부터 가을까지는 흙이 말랐을 때 규칙적으로 주고 겨울에는 다소 건조하게 관리한다.
관 리	1. 1개월 정도 건조한 것은 견딜 수 있지만, 과습하면 쉽게 뿌리가 썩을 수 있다. 2. 겨울에는 빛이 잘 드는 서늘한 곳에서 휴면기를 가지도록 한다. 3. 간접광에서도 자랄 수는 있지만 많은 양의 직접광이 필요하다.
특 징	1. 달나라의 토끼 귀를 닮았다고 해서 '월토이'라는 이름이 붙여졌으며 기부에서부터 가지를 치며 높이 50cm 정도의 낮은 나무 모양으로 자란다. 2. 주로 마다가스카르 섬에서 자생하는 종으로 120종 정도의 많은 품종이 있다. 3. 가지는 직립으로 자라고 잎은 흰 벨트로 덮인 것처럼 생겼으며 잎 가장자리에 진한 갈색 반점이 톱니 모양으로 나 있다.
비 료	봄부터 가을까지 월 1회 관엽용 복합비료를 준다.
병충해	진딧물, 쥐똥나무벌레, 잿빛곰팡이병
번 식	잎꽂이, 가지꽂이

페페로미아 [후추과]

- **장 소** 반음지
- **온 도** 10℃ 이상
- **물주기** 표면의 흙이 마르기 시작하면 준다.
- **관 리**
  1. 여름철에는 과습하게 되면 썩기 쉽기 때문에 조심한다.
  2. 상하거나 시든 잎은 보이는 대로 떼어내고 잎 뒷면에 해충이 끼기 쉬우니 자주 들여다본다.
  3. 빛이 잘 드는 곳에 두면 잎 모양이 가지런해지지만 직사광선에 지나치게 노출되면 잎이 타들어 간다. 반대로 빛이 거의 없는 곳에 오래 두면 줄기가 웃자랄 뿐 아니라 잎의 광택이 사라진다.
- **특 징**
  1. 페페로미아는 그리스어로 후추를 닮았다고 하여 유래된 것으로 잎이 아름다운 식물이다.
  2. 현재 500여 종이 자생하고 있는데 잎은 물기가 많은 다육질이며 고온다습한 환경을 좋아한다.
  3. 잎의 색깔이나 무늬가 아름다워 주로 실내에서 가꾸며 테라리움과 디시가든, 하이드로컬처, 샌드컬처 등 여러 가지 아이디어 원예에 어울리는 식물이다.
- **비 료** 봄에서 가을에 걸쳐 한 달에 한 번 관엽용 복합비료를 준다.
- **병충해** 쥐똥나무벌레, 깍지벌레, 거미응애
- **번 식** 잎꽂이, 줄기꽂이

시클라멘 [앵초과]

장 소	반양지, 반음지
온 도	10~22℃
물주기	겉 흙이 마르기 전에 물을 충분히 준다.
관 리	1. 빛이 잘 드는 창가에 두고 일주일에 두 번 정도는 화분을 돌려 포기 전체에 골고루 빛이 가도록 한다. 2. 잎 방향을 수시로 바로잡아 모양을 만들고, 바로잡기 힘든 잎은 따버린다. 3. 극심한 온도 변화를 싫어하고 한창 무더운 7~8월이 되면 휴면기에 접어들기 위해 잎과 줄기가 시드는데, 그때 줄기를 모두 잘라준다. 4. 덩이줄기에 직접 물을 주면 잔뿌리가 약해져 제 기능을 잃어버리고 오래 살지 못하므로 주의한다. 5. 꽃이 피기 시작하면서부터 꽃에는 직접 스프레이(분무)를 하지 않도록 주의한다.
특 징	1. 초본성 구근식물로 꽃은 마치 고개를 숙인 것 같은 형태를 하고 있으며 흰색, 분홍색, 빨간색, 자주색 등 다양한 색을 가지고 있다. 2. 꽃의 모양과 색상, 크기에 따라 다양한 품종이 있으며 몇몇 품종에서는 꽃향기를 맡을 수 있다. 3. 잎은 알뿌리의 중심에서 나와 두텁고 하트 모양과 같은 계란형이고, 꽃은 개화기간이 길어 겨울 동안 계속 감상할 수도 있다.
비 료	주지 않는다.
병충해	진딧물, 흰가루병
번 식	씨뿌리기

프리뮬러 [앵초과]

장 소 반양지, 직사광선은 피해서 둔다.

온 도 8~10℃

물주기 화분이 말라갈 때 물을 준다. 물을 줄 때는 꽃잎에 물이 닿지 않도록 한다.

관 리
1. 꽃이 지고 난 뒤 줄기를 깊숙이 잘라 준다.
2. 비교적 추위에 강하여 여름에는 밝고 바람이 잘 통하는 시원한 곳에 둔다.

특 징
1. 달걀 모양의 잎이 뿌리에서 나고 이른 봄에 높이 10~15cm의 꽃줄기 위에 너비 2~8cm의 큰 꽃이 산 모양 꽃차례로 핀다.
2. 암적색, 붉은색, 오렌지색, 노란색, 흰색, 연분홍색 등 여러 색깔이 있다.
3. 화단이나 분재용으로 재배되고, 근연안 원예육종으로 일찍 피며 작은 꽃이 귀엽고 튼튼해 꽃가게 등에서 많이 볼 수 있다.

비 료 한 달에 두 번 정도 물거름을 준다. 비료가 결핍되면 아래 잎이 누렇게 변한다.

병충해 진딧물, 깍지벌레

번 식 씨뿌리기

실내 미니정원

실내 미니정원

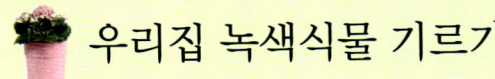 **우리집 녹색식물 기르기**

2009년 1월 20일 인쇄
2009년 1월 25일 발행

저 자 : 김혜정
펴낸이 : 이정일

펴낸곳 : 도서출판 **일진사**
www.iljinsa.com

140-896 서울시 용산구 효창동 5-104
대표전화 : 704-1616, 팩스 : 715-3536
등록번호 : 제3-40호(1979.4.2)

값 12,000원

ISBN : 978-89-429-1083-0

* 이 책에 실린 글이나 사진은 문서에 의한 출판사의
동의 없이 무단 전재·복제를 금합니다.